westermann

Arndt Beiderwieden, Michael Wagner

Beschaffung

Arbeitsbuch

2. Auflage

Bestellnummer 36484

Die in diesem Produkt gemachten Angaben zu Unternehmen (Namen, Internet- und E-Mail-Adressen, Handelsregistereintragungen, Bankverbindungen, Steuer-, Telefon- und Faxnummern und alle weiteren Angaben) sind i. d. R. fiktiv, d. h., sie stehen in keinem Zusammenhang mit einem real existierenden Unternehmen in der dargestellten oder einer ähnlichen Form. Dies gilt auch für alle Kunden, Lieferanten und sonstigen Geschäftspartner der Unternehmen wie z. B. Kreditinstitute, Versicherungsunternehmen und andere Dienstleistungsunternehmen. Ausschließlich zum Zwecke der Authentizität werden die Namen real existierender Unternehmen und z. B. im Fall von Kreditinstituten auch deren IBANs und BICs verwendet.

Zusatzmaterialien zu „Beschaffung“

Für Lehrerinnen und Lehrer

Lösungen: 978-3-427-36486-3
Lösungen Download: 978-3-427-36485-6

Zu diesem Produkt sind digitale Zusatzmaterialien kostenlos online für Sie erhältlich. Sie können diese ganz einfach über die Eingabe des nachfolgenden Codes im Suchfeld unter www.westermann.de abrufen.

BVE-36484-001

westermann GRUPPE

© 2022 Bildungsverlag EINS GmbH, Ettore-Bugatti-Straße 6-14, 51149 Köln
www.westermann.de

Druck und Bindung: Westermann Druck GmbH, Georg-Westermann-Allee 66, 38104 Braunschweig

ISBN 978-3-427-**36484**-9

Vorwort

Liebe Schülerinnen und Schüler,

zunächst möchten wir Ihnen einige Fragen beantworten, die sich zu diesem Buch stellen:

Was versteht man unter Beschaffung?

Beschaffung ist die betriebswirtschaftliche Funktion, welche für die Bereitstellung von Material für die Produktion sowie von Handelswaren für den Weiterverkauf zuständig ist. Beteiligt sind die Abteilungen Einkauf und Lager. Diese müssen einerseits sicherstellen, dass alle Materialien in der erforderlichen Menge und Qualität rechtzeitig für die Produktion bereitstehen. Andererseits müssen sie auf die Kosten achten – frei nach der alten Kaufmannsweisheit: „Im Einkauf liegt der halbe Gewinn."

Was bringt mir dieses Buch?

Dieses Buch führt Sie Schritt für Schritt an einem roten Faden durch das gesamte Themengebiet und soll Sie befähigen, sich fachlich rasch zu orientieren, theoretische Prüfungen zu bestehen und auch schon bald in einer Einkaufsabteilung mitzuarbeiten.

Wie arbeite ich mit diesem Buch?

- Schauen Sie bitte zu Stundenbeginn kurz in das **Inhaltsverzeichnis**. Es hilft Ihnen, fachliche Zusammenhänge zu verstehen und die Übersicht zu behalten.
- Lesen Sie bitte immer erst die **Infotexte** (blau hinterlegt), bevor Sie mit den Arbeitsaufträgen beginnen. Dort finden Sie alles, was Sie für die Bearbeitung brauchen.
- Fachbegriffe finden Sie im **Sachwortverzeichnis** am Ende des Buches.
- Am Ende jedes Kapitels finden Sie im Abschnitt **Kompaktwissen** Zusammenfassungen und Begriffsübersichten. Diese helfen Ihnen bei der Vorbereitung von Klausuren und Prüfungen.
- Irren ist menschlich. Deshalb verwenden Sie bitte für die Arbeit mit diesem Buch einen **weichen Bleistift** (wir empfehlen einen Druckbleistift mit 0,7B-Minen) und ein **Radiergummi**.
- Nutzen Sie bitte auch die **Online-Dateien**, die auf der Internetseite des Verlags (www.westermann.de) hinterlegt sind. Bitte geben Sie dazu den Webcode (Impressumsseite) im Suchfenster ein.
- Prüfen Sie Ihre persönlichen Lernfortschritte mit der **Kann-Liste** auf Seite 139 ff.

Welche Titel gibt es noch in dieser Reihe?

Ein kleiner Hinweis

Aus Gründen der Lesbarkeit wird im Text bei Begriffen, die sich auf Personengruppen beziehen, die männliche Form verwendet. Angesprochen sind selbstverständlich alle Geschlechter.

Danke schön!

Abschließend möchten wir uns bei allen Personen bedanken, die uns bei der Entwicklung dieses Titels tatkräftig unterstützt haben, insbesondere bei unseren Ansprechpartnern in den Industriebetrieben im Kreis Osterholz-Scharmbeck sowie bei unseren Kollegen Dierk Castedello und Andreas Russ. Wir freuen uns auch über Ihre Anregungen und Kritik, die Sie uns jederzeit über den Verlag zukommen lassen können.

Arndt Beiderwieden, Michael Wagner

Inhaltsverzeichnis

A Einführung

1 Erkunden der Kampmann GmbH

Geschichte des Unternehmens

Unternehmensgründer Otto Kampmann

Die Kampmann GmbH ist aus der Otto Kampmann KG hervorgegangen, welche 1965 als Möbeltischlerei von Otto Kampmann am Rande von Hamburg gegründet wurde. Anfang der 1980er-Jahre jedoch geriet die Kampmann KG wie auch viele andere Möbeltischlereien zunehmend unter Druck, da große Industriebetriebe mit ihrer Massenproduktion erheblich preiswertere Möbel auf dem Markt anbieten konnten. Otto Kampmann spezialisierte sich in dieser Zeit auf die Produktion von Gartenmöbeln aus Teakholz, die er an Baumarktketten lieferte und mit denen er den Fortbestand seines Unternehmens sichern konnte.

Im Jahre 2001 übertrug Otto Kampmann die Unternehmensleitung seinem Sohn Sven, der im Jahre 2016 das Unternehmen aus steuerlichen Gründen in eine Gesellschaft mit beschränkter Haftung (GmbH) umwandelte und die Geschäftsführung übernahm. Sven Kampmann erkannte frühzeitig einen neuen Trend: Den Markt für maritime Outdoormöbel, also „Lounge- und Beachmöbel" für die Gastronomie am Meer (z. B. Strandbarmodule mit Liege- und Sitzmöbeln sowie Tischen in modernem Design). Dabei konnte das betriebliche Know-how der Produktion von Gartenmöbeln effektiv genutzt werden.

Sven Kampmann, Geschäftsführer der Kampmann GmbH

Zunächst handelte es sich nur um die Kundenaufträge vereinzelter Ostseehotels, welche ihre Terrassen oder kleine Strandabschnitte mit ansprechendem Mobiliar (vor allem mit Liegestühlen und Tischelementen) ausstatten wollten. Nach und nach gingen immer mehr Aufträge von Kunden aus dem In- und Ausland bei der Kampmann GmbH ein. Heute beliefert das Unternehmen internationale Gastronomiebetriebe (darunter auch große Hotelketten) mit hochwertigem Outdoormobiliar. Dabei hebt sich die Kampmann GmbH von ihren Wettbewerbern dadurch ab, dass sie individuelle Kundenwünsche ohne Einschränkungen erfüllen kann.

Das Problem der Rodung von Regenwäldern und wachsende Kritik an der Verarbeitung von Tropenhölzern führte Sven Kampmann zu der Überzeugung, dass Teakholz und andere Tropenhölzer zunehmend durch nachhaltig angebaute Hölzer ersetzt werden müssen. Und auch hier hat das Unternehmen die Nase vorn: Seit die Holzforschung ausgewählte heimische Hölzer durch moderne Verfahren (Hitzebehandlung und chemische Verfahren) so witterungsbeständig macht wie Tropenhölzer, stellt das Unternehmen nach und nach auf heimische Hölzer wie Buche, Akazie[1] und Kiefer um. Alle Produkte werden im Hochpreissegment vermarktet.

Unternehmenssteckbrief

Sitz: Industriering 44–46, 22297 Hamburg
Rechtsform: Gesellschaft mit beschränkter Haftung GmbH
Handelsregistereintrag: HRB 9751
Mitarbeiter: 32
Jahresumsatz: 49,8 Mio. €
Geschäftsführung: Sven Kampmann

Produktlinien

Produktlinie 1: Liegestühle
Produktlinie 2: Lounge-Sessel
Produktlinie 3: Lounge-Tische
Produktlinie 4: Strandbarmodule

Der Fertigungsprozess

In der Fertigung werden die rohen Holzbohlen zunächst mit einer Kreissäge der Länge nach aufgesägt, einseitig glattgehobelt und verleimt, damit sich das Holz nicht verziehen kann. Die verleimten Hölzer werden dann zu Einzelteilen wie Holmen, Brettern, Rahmenhölzern und Querstreben weiterverarbeitet. Danach werden die fertigen Einzelteile gemeinsam mit fremdbezogenen Teilen (z. B. Aluschienen) und Baugruppen (z. B. mehrteilige Verbindungselemente oder Scharniere) zu Halbfertigprodukten weiterverarbeitet und schließlich zu verkaufsfähigen Endprodukten montiert.

1 Die Kampmann GmbH verwendet dabei europäisches Robinienholz, dass im deutschen Sprachraum als Akazienholz bezeichnet wird und für heimisches Holz eine ausgesprochen hohe Witterungsbeständigkeit und hohe Resistenz gegenüber Schimmel und Schädlingen aufweist.

Organigramm[1] und Abteilungen

Die Kampmann GmbH ist in die Bereiche „Beschaffung“, „Technik“, „Verwaltung“ und „Absatz“ untergliedert. Diesen Bereichen unterstehen die Abteilungen „Vertrieb“, „Buchhaltung“, „Fertigung“, „Einkauf“, „Marketing“, „Controlling“, „Lager“, „Konstruktion“, „Personal“.

ARBEITSAUFTRÄGE

1. Ordnen Sie im Organigramm der Kampmann GmbH den betrieblichen Bereichen die oben aufgeführten Abteilungen zu:

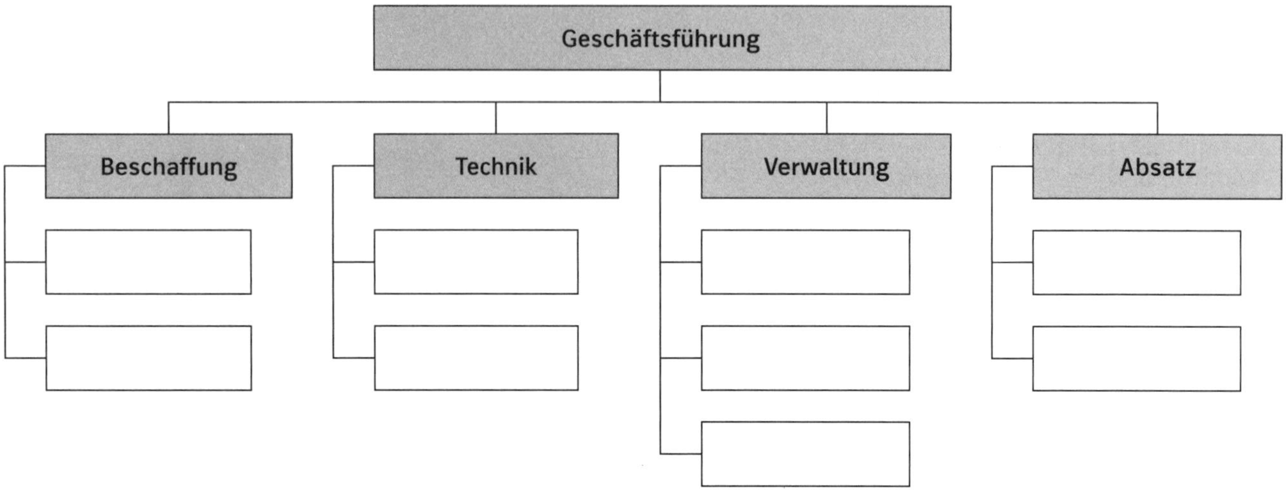

2. Tragen Sie die zugehörigen Abteilungen ein:

Unsere Aufgabe ist es,		Abteilung
a)	unser Produktprogramm zusammenzustellen, angemessene Preise und Absatzkanäle zu bestimmen und unsere Produkte bekannt zu machen.	
b)	alle Materialien, die für die Produktion erforderlich sind, in guter Qualität und zu angemessenen Preisen zu beschaffen.	
c)	aus rohem Holz verkaufsfähige Produkte zu machen.	
d)	alle betrieblichen Vorgänge auf Konten zu erfassen und am Jahresende eine Bilanz sowie eine Gewinn- und Verlustrechnung aufzustellen.	
f)	gute Kontakte zu unseren Kunden aufzubauen, Aufträge einzuholen, unsere Kunden zu beraten und Wünsche entgegenzunehmen.	
g)	den Zeitraum zwischen Materiallieferung und Produktion zu überbrücken und die Verfügbarkeit der erforderlichen Materialien sicherzustellen.	
h)	Kundenwünsche und erste Grobentwürfe in detaillierte Zeichnungen zu überführen, welche dann der Fertigung zugrunde liegen.	
i)	über eine ausreichende Anzahl gut ausgebildeter und motivierter Mitarbeiterinnen und Mitarbeiter in allen Abteilungen zu verfügen.	
j)	angemessene Preise zu kalkulieren und die Wirtschaftlichkeit der einzelnen Kostenstellen des Betriebs zu überprüfen.	

1 Grafische Darstellung der Struktur einer Organisation (Aufbauorganisation)

2 Unterscheiden operativer und strategischer Beschaffungsaufgaben

Im Folgenden sollen die Aufgaben des Bereiches „Beschaffung“ der Kampmann GmbH differenzierter betrachtet und in operative und strategische Aufgaben eingeteilt werden.

ARBEITSAUFTRAG

Ordnen Sie die Aufgaben der Beschaffung mithilfe des Infotextes (unten) durch Ankreuzen der operativen oder der strategischen Beschaffung zu.

Aufgabe der Beschaffung	Operative Beschaffung		Strategische Beschaffung
	Einkauf	Lager	
a) Anfragen nach Preisen bei Lieferanten			
b) Prüfen, ob eine Warenlieferung dem Lieferschein entspricht			
c) Aufbauen einer engen Partnerschaft mit einem Lieferanten			
d) Einlagern angelieferter Ware			
e) Prüfen einer Auftragsbestätigung			
f) Führen von Preisverhandlungen mit einem Lieferanten			
g) Auswählen geeigneter Beschaffungswege und -regionen			
h) Bestellen von Rohstoffen			
i) Aufbauen einer unternehmensübergreifenden Lieferkette			
j) Buchen des Zugangs eines Artikels im Lager			
k) Prüfen einer Eingangsrechnung			
l) Abschließen eines Rahmenvertrags mit einem Lieferanten			
m) Vergleichen von Angeboten unterschiedlicher Lieferanten			
n) Prüfen, ob angelieferte Ware frei von Mängeln ist			
o) Verfassen und Versenden einer Mängelrüge			
p) Einrichten einer systematischen Beschaffungsmarktforschung			
q) Anweisen der Bezahlung einer Eingangsrechnung			

Infotext: Operative und strategische Beschaffungsaufgaben

Die Beschaffung unterscheidet, ebenso wie alle anderen betrieblichen Funktionen, operative und strategische Aufgaben. Grundsätzlich gilt:

- **Operative Aufgaben** sind wiederkehrende, alltägliche Routineaufgaben („Tagesgeschäft“), die vorrangig auf Sachbearbeitungsebene oder vom mittleren Management erledigt werden.
- **Strategische Aufgaben** sind langfristig ausgerichtete Entscheidungen und Planungsmaßnahmen, mit denen die Grundausrichtung des Unternehmens und damit auch der Rahmen für operative Aufgaben festgelegt wird. Strategische Aufgaben werden vorrangig von der Führungsebene wahrgenommen.

3 Einordnen der Beschaffung in den Auftragsbearbeitungsprozess

Sven Kampmann, Geschäftsführer der Kampmann GmbH, beschreibt den Prozess der Auftragsbearbeitung in der Kampmann GmbH:

„Sobald bei uns eine Anfrage eintrifft, prüfen wir in unserer Datenbank, ob es sich um einen Stamm- oder einen Neukunden handelt. Bei Stammkunden prüfen wir in unserer Kundendatenbank, ob alle Stammdaten noch aktuell sind, und aktualisieren veraltete Daten. Neukunden werden zuerst einmal auf Bonität überprüft. Genießt der Kunde Bonität, so wird ein neuer Stammdatensatz für ihn angelegt, andernfalls lehnen wir eine Belieferung mit Bedauern ab. Im Falle von Stammkunden und zahlungsfähigen Neukunden erstellen und versenden wir dann ein verbindliches Angebot.

Nun sind drei Fälle zu unterscheiden: Geht die Bestellung des Kunden fristgerecht ein, so prüfen wir, ob diese mit unserem Angebot übereinstimmt. Geht sie verspätet ein, müssen wir erst kontrollieren, ob unser Angebot noch aktuell ist. Wenn ja, prüfen wir natürlich auch hier, ob die Bestellung mit dem Angebot übereinstimmt. Ist das Angebot nicht mehr aktuell, senden wir dem Kunden ein neues. Geht hingegen gar keine Bestellung ein, so endet hier der Prozess. Stimmt nun also die Bestellung mit unserem Angebot überein, verfassen und versenden wir eine Auftragsbestätigung – andernfalls müssen wir die Abweichung mit dem Kunden klären. Hat er sich nur versehen, bitten wir um die Zusendung einer korrigierten Bestellung. Hat er hingegen absichtlich die Konditionen verändert, müssen wir neu verhandeln. Kommt es dabei zu einer Einigung, verfassen und senden wir eine entsprechende Auftragsbestätigung. Sonst endet hier der Prozess.

Ist die Auftragsbestätigung versendet, arbeiten unsere Konstrukteure detaillierte Zeichnungen und die zugehörige Erzeugnisstruktur aus, also eine strukturierte Übersicht über den Aufbau des Produkts. Auf Grundlage dieser Erzeugnisstruktur können wir in einem nächsten Schritt den Bedarf an Fertigungsmaterial ermitteln. Ist dieser geklärt, prüfen wir, ob die Lagerbestände für die Produktion ausreichen. Falls ja, kann die Fertigung beginnen. Falls nicht, beschaffen wir zuvor noch das fehlende Material. Nach Abschluss der Fertigung wird die Ware im Lager kommissioniert.[1] Zeitgleich erstellt der Vertrieb den Lieferschein und die Ausgangsrechnung, welche auch sofort gebucht wird. Anschließend wird die Ware gemeinsam mit dem Lieferschein und der Ausgangsrechnung versendet.

Nach Ablauf der Zahlungsfrist überprüfen wir dann den Zahlungseingang: Geht die Zahlung termingerecht ein, wird der Zahlungseingang gebucht und der Beschaffungsprozess ist beendet. Geht sie hingegen nicht termingerecht ein, erstellen und versenden wir die erste Mahnung. Zahlt der Kunde dann wieder nicht termingerecht, erstellen und verfassen wir die zweite Mahnung. Zahlt der Kunde dann immer noch nicht in der vorgegebenen Frist, leiten wir ein gerichtliches Mahnverfahren ein und hinterlegen einen Sperrvermerk in der Datenbank, der den Vertrieb darauf hinweist, dass dieser Kunde nicht mehr beliefert wird."

ARBEITSAUFTRÄGE

1. Verschaffen Sie sich eine Übersicht über den gesamten Auftragsbearbeitungsprozess der Kampmann GmbH. Vervollständigen Sie dazu die nachfolgende ereignisgesteuerte Prozesskette (EPK). Verwenden Sie ggf. Abkürzungen (z. B. „AR" für „Ausgangsrechnung"). Es gelten folgende Symbole:[2]

Organisation (Abteilung bzw. Ort)	**Ereignis** (Sachverhalt, Situation)	**Funktion** (Tätigkeit, Aktivität)	**Information** (Datei, Dokument)	**Operator „XOR"** (entweder das eine oder das andere)	**Operator „OR"** (das eine oder das andere oder beides)	**Operator „AND"** (das eine und auch das andere)
Vertrieb	Anfrage geht ein	Prüfung der Kundendaten	Anfrage	XOR	OR	AND

2. Heben Sie anschließend die Funktion „Beschaffung" farbig hervor.

1 Kommissionieren: versandfertig machen (Verpacken und Adressieren der Ware)
2 Allgemeine Hinweise zu ereignisgesteuerten Prozessketten finden Sie im Anhang (Seite 137).

Ereignisgesteuerte Prozesskette (EPK): Die Auftragsbearbeitung der Kampmann GmbH

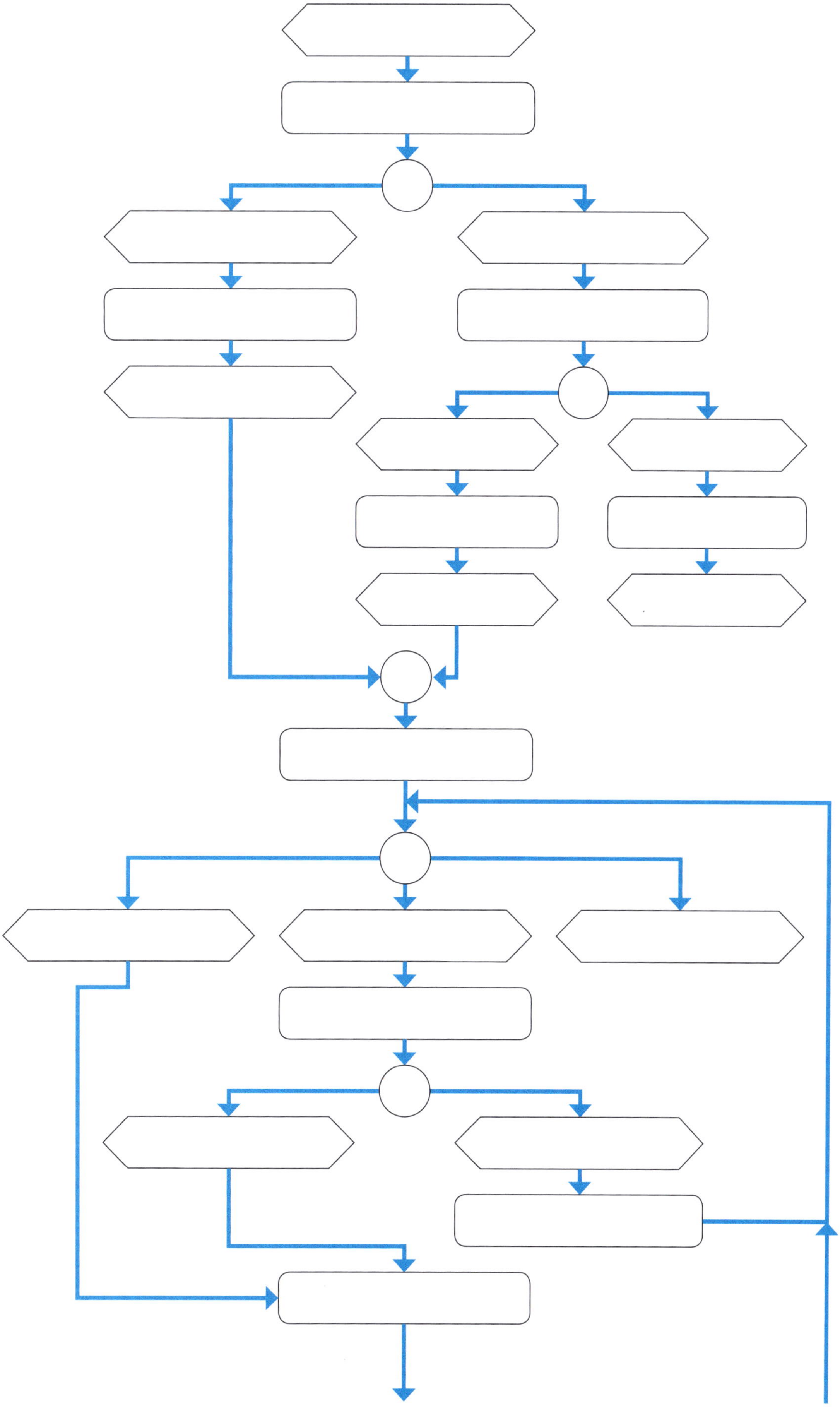

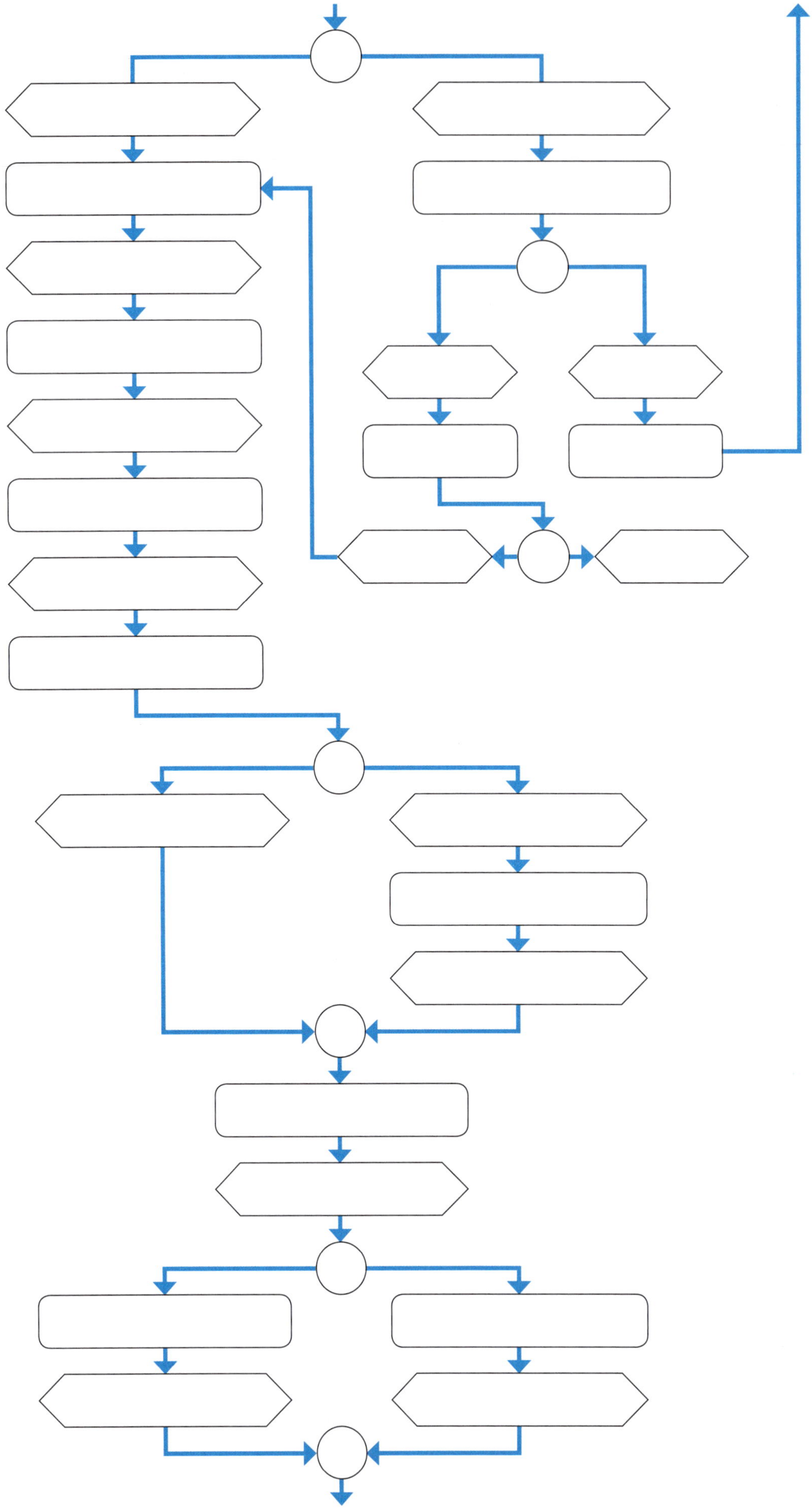

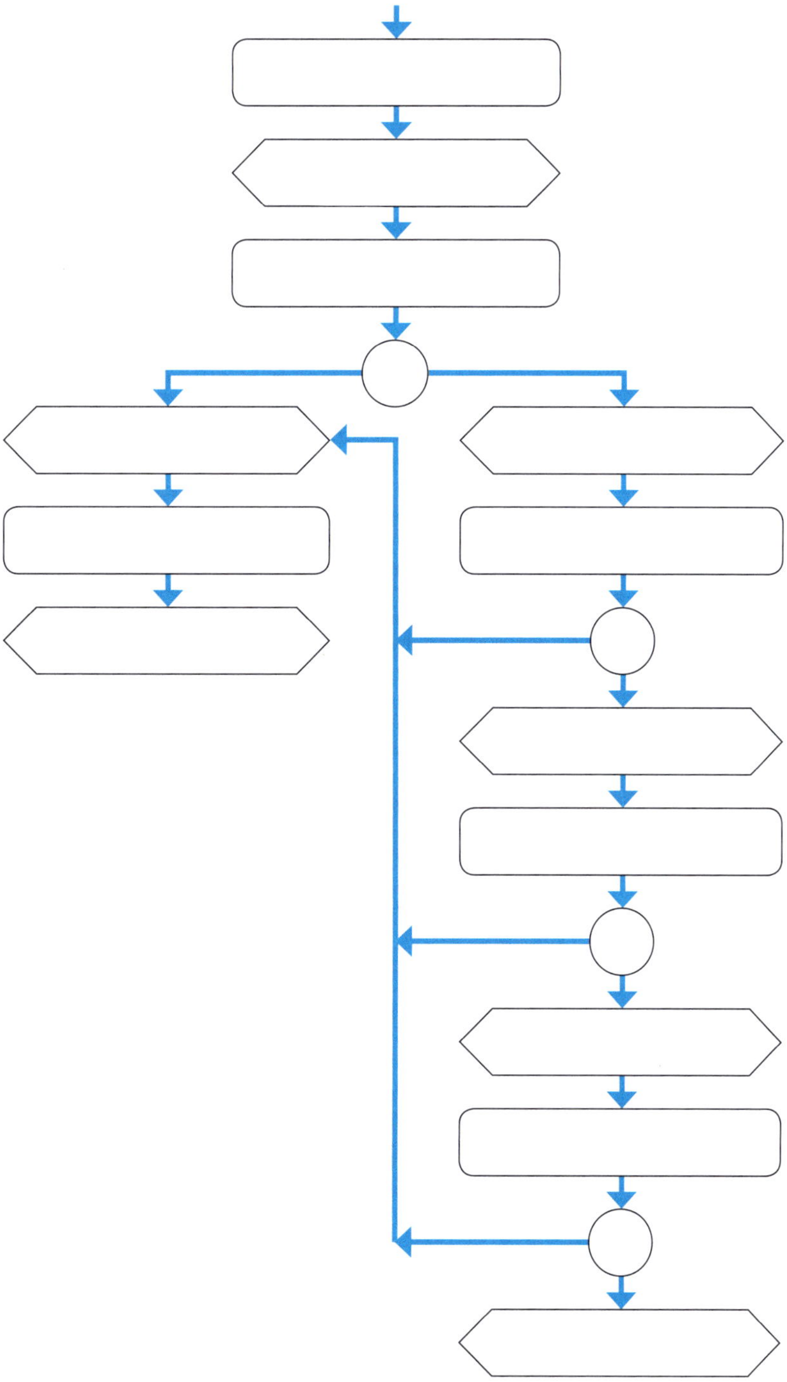

B Bedarfsermittlung

Praxisfall „Kampmann GmbH“

1 Erarbeiten begrifflicher Grundlagen

Die Hotelkette ARTAMISHOTELS GmbH aus Frankfurt (Main) bestellt bei der Kampmann GmbH 460 Sonnenliegen. Diese sollen solide konstruiert und mit Vollgummirädern ausgestattet sein. Die Materialien für die Produktion sind in der Tabelle unten aufgelistet.

ARBEITSAUFTRAG

Kreuzen Sie aus Sicht der Kampmann GmbH mithilfe des nachfolgenden Infotextes für jede Position an,

a) um welche Art von Material es sich handelt,
b) um welche Art von Bedarf es sich handelt,
c) welches Verfahren der Bedarfsermittlung jeweils angewendet wird.

Grundbegriffe der Bedarfsermittlung										
Material	**a) Materialart**					**b) Bedarfsart**			**c) Verfahren der Bedarfsermittlung**	
	WS			**ET**	**BG**	**PB**	**SB**	**TB**	**PBE**	**VBE**
	RS	**HS**	**BS**							
Akazienholz (Rohholzbohlen)										
Holm (Buche)										
Holzbohrer (Ø 5 mm)										
Verbinder (Metall und Kunststoff, dreiteilig)										
Winkeleisen (anschraubbar)										
Schleifpapier										
Abdeckplatte (Stahl, geschliffen)										
Leim										
Querstrebe (Akazie)										
Schmierstoffe (für Maschinen)										
Gelenk (vierteilig)										
Klotz (Akazie)										
Rad (mit Vollgummireifen)										
Rasterschiene (Stahl, einteilig)										
Nägel (einfach)										
Strom										
Aufliegebrett (Akazie)										
Designerschrauben (hochwertig, geschliffen)										
Lack (umweltfreundlich)										
Pinsel (verschiedene Breiten)										
Auflage (Kunstleder, vernäht)										
Heizöl										

WS = Werkstoffe, RS = Rohstoffe, HS = Hilfsstoffe, BS = Betriebsstoffe, ET = Einzelteile, BG = Baugruppen, PB = Primärbedarf, SB = Sekundärbedarf, TB = Tertiärbedarf, PBE = programmorientiert, VBE = verbrauchsorientiert

Infotext: Grundbegriffe der Bedarfsermittlung

Materialarten

Materialien sind die stofflichen Produktionsfaktoren, die im Produktionsprozess eingesetzt werden. Die Materialwirtschaft unterscheidet folgende Arten von Materialien:[1]

- **Werkstoffe:** Grundstoffe, die für die Produktion benötigt werden. Sie werden noch einmal unterteilt in Roh-, Hilfs- und Betriebsstoffe:
  - **Rohstoffe:** Ausgangsmaterialien, die in das zu fertigende Produkt eingehen und dessen Hauptbestandteil bilden (z. B. Blech in der Automobilproduktion)
  - **Hilfsstoffe:** geringwertige Nebenbestandteile des Produkts, die in das Produkt eingehen (z. B. Silikon, Klebstoffe und einfache Schrauben in der Automobilproduktion)
  - **Betriebsstoffe:** Verbrauchsstoffe, die im Produktionsprozess verbraucht werden, jedoch nicht in das Produkt eingehen (z. B. Maschinenöle, Schmierstoffe). Dazu gehören auch „Verschleißwerkzeuge“, die im Produktionsprozess laufend verbraucht werden (z. B. Bohrer).
- **Einzelteile:** aus Rohstoffen selbst gefertigte oder fremdbezogene Teile, die in das zu fertigende Produkt eingehen und nicht weiter zerlegt werden können, ohne zerstört zu werden (z. B. Kotflügel in der Automobilproduktion)
- **Baugruppen:** in sich geschlossene Gegenstände, die aus zwei oder mehreren Teilen oder Unterbaugruppen bestehen und unverändert in das zu fertigende Produkt eingehen (z. B. Stoßdämpfer in der Automobilproduktion)

Die Grenzen zwischen Hilfsstoffen und Einzelteilen können fließend verlaufen. So können Schrauben abhängig von ihrem Wert und abhängig von der Komplexität des Endprodukts mal den Hilfsstoffen und mal den Einzelteilen zugeordnet werden.

Bedarfsarten

Grundsätzlich sind drei Arten von Bedarf zu unterscheiden:

- **Primärbedarf** ist der Bedarf an fertigen und verkaufsfähigen Erzeugnissen (z. B. fertige Autos eines Automobilherstellers).
- **Sekundärbedarf** ist der Bedarf an Rohstoffen, Einzelteilen und Baugruppen, der aus dem Primärbedarf abgeleitet wird.
- **Tertiärbedarf** ist der Bedarf an Hilfsstoffen und Betriebsstoffen, die für den Fertigungsprozess nötig sind.

Verfahren der Bedarfsermittlung

Grundsätzlich sind zwei Verfahren der Materialbedarfsermittlung zu unterscheiden:

- **Programmorientierte Bedarfsermittlung:** Dieses Verfahren wird als plangesteuert bzw. auch als deterministisch[2] bezeichnet, denn hier wird auf Grundlage des geplanten Produktionsprogramms bzw. des Produktionsplans mithilfe von Stücklisten (Auflistung aller Teile und Baugruppen des Gesamtprodukts) oder Rezepturen (in der chemischen Industrie) der Bedarf exakt ermittelt. Die programmorientierte Bedarfsermittlung wird bei der Ermittlung des Primär- und Sekundärbedarfs angewendet.
- **Verbrauchsorientierte Bedarfsermittlung:** Dieses Verfahren wird auch als stochastisch[3] bezeichnet, denn hier wird der Bedarf für eine zukünftige Periode mithilfe statistischer Methoden (z. B. Ermittlung von Durchschnittswerten) auf Grundlage des Verbrauchs vergangener Perioden prognostiziert. Die verbrauchsorientierte Bedarfsermittlung wird gewöhnlich bei der Ermittlung des Tertiärbedarfs angewendet.

1 in Anlehnung an Holger Luczak, Walter Eversheim [Hrsg.]: Produktionsplanung und Steuerung - Grundlagen, Gestaltung und Konzepte, Springer VDI, Heidelberg, Nachdruck der 2. korrigierten Auflage 2001, S. 147
2 deterministisch: vorher bestimmbar
3 Stochastik: Teilgebiet der Mathematik, das die Wahrscheinlichkeitsrechnung und die Statistik umfasst

2 Ermitteln des Nettosekundärbedarfs

Entwicklungsingenieur Kähler hat ein Produktkonzept für die neue Sonnenliege erstellt, welches neben den Produktanforderungen des Auftraggebers Entwurfszeichnungen und die Erzeugnisstruktur der Sonnenliege enthält. Die Geschäftsführung hat auf Grundlage des Konzepts die Freigabe für die Produktion erteilt.

Produktkonzept: Sonnenliege Typ Basic			
Entwickler:	Kähler	**Datum:**	12. Februar 20..
Abteilung:	Konstruktion	**Seite:**	1 von 3

Entwicklungsanlass

- Fertigungsauftrag: 450 neue Sonnenliegen solider Bauart mit Vollgummirädern
- Auftraggeber: Hotelkette ARTAMISHOTELS GmbH aus Frankfurt am Main

Produktanforderungen des Auftraggebers

- Stabile Konstruktion
- Witterungsbeständige Oberfläche
- Verstellbare Rückenlehne mit drei verschiedenen Liegepositionen
- Die Liege kann von einer Person transportiert werden.
- Abwischbare Polsterauflage
- Länge: 2 m, Breite: 70 cm, Höhe: 25 cm

Produktbeschreibung

Das Design der Sonnenliege ist schlicht und einfach gehalten. Sie ist aus strapazierfähigem Akazienholz (Massivholz, geölt) gefertigt. Beide Enden der Seitenholme werden zusätzlich mit einer Abdeckhülse aus Kunststoff vor eindringender Feuchtigkeit geschützt. Alle Metallteile sind aus rostfreiem Stahl. Die Polsterstärke der Kunstlederauflage beträgt 5 cm.

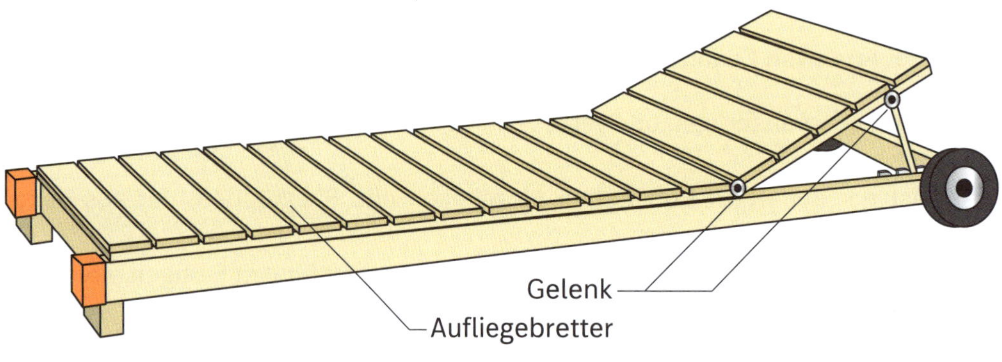

Produktkonzept: Sonnenliege Typ Basic			
Entwickler:	Kähler	**Datum:**	12. Februar 20..
Abteilung:	Konstruktion	**Seite:**	2 von 3

Rahmenkonstruktion Korpus

Die Rahmenkonstruktion des Korpus besteht aus zwei stabilen Holmen (A) und vier Querstreben (A). Er liegt hinten auf der Radeinheit und vorne auf zwei Füßen. Beide Holme sind an ihren Enden mit Abdeckhülsen versehen. Auf die Rahmenkonstruktion des Korpus werden 13 Aufliegebretter geschraubt.

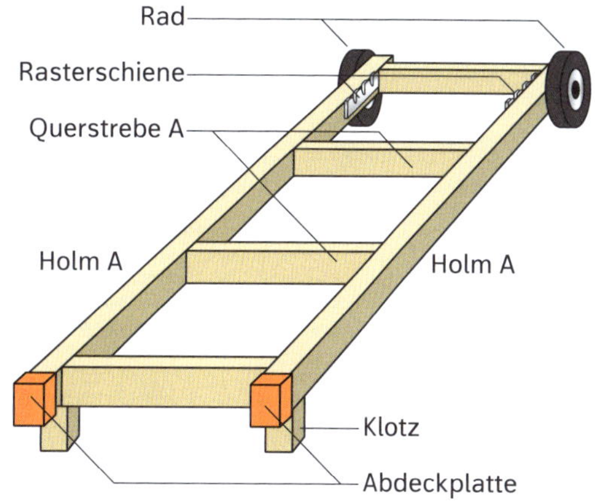

Rahmenkonstruktion Rückenlehne

Die Rahmenkonstruktion der Rückenlehne, auf der fünf Aufliegebretter angebracht werden, besteht aus einem Rahmen mit zwei Holmen (B) und zwei Querstreben (B) sowie einer Rahmenstütze mit zwei Holmen (C) und zwei Querstreben (C). Rahmen und Rahmenstütze sind mit dem Gelenk S 44 beweglich miteinander verbunden. Der Rahmen der Rückenlehne wird mit dem Gelenk M 25 am Rahmen des Korpus befestigt, die Rahmenstütze rastet unten in die Rasterschienen ein.

Rasterschienen

Jede Sonnenliege ist mit zwei Rasterschienen ausgestattet, welche jeweils an den Innenseiten der Holme (A) verschraubt werden. Sie bilden das Widerlager für die Rahmenstütze. Die Rasterschienen ermöglichen drei Liegepositionen und sind aus rostfreiem Stahl gefertigt.

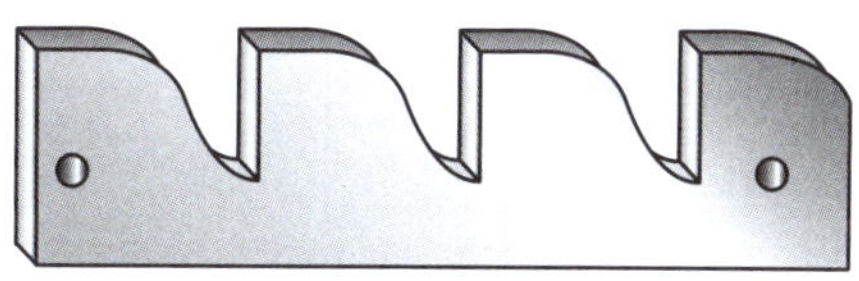

Produktkonzept: Sonnenliege Typ Basic			
Entwickler:	Kähler	**Datum:**	12. Februar 20..
Abteilung:	Konstruktion	**Seite:**	3 von 3

Erzeugnisstruktur

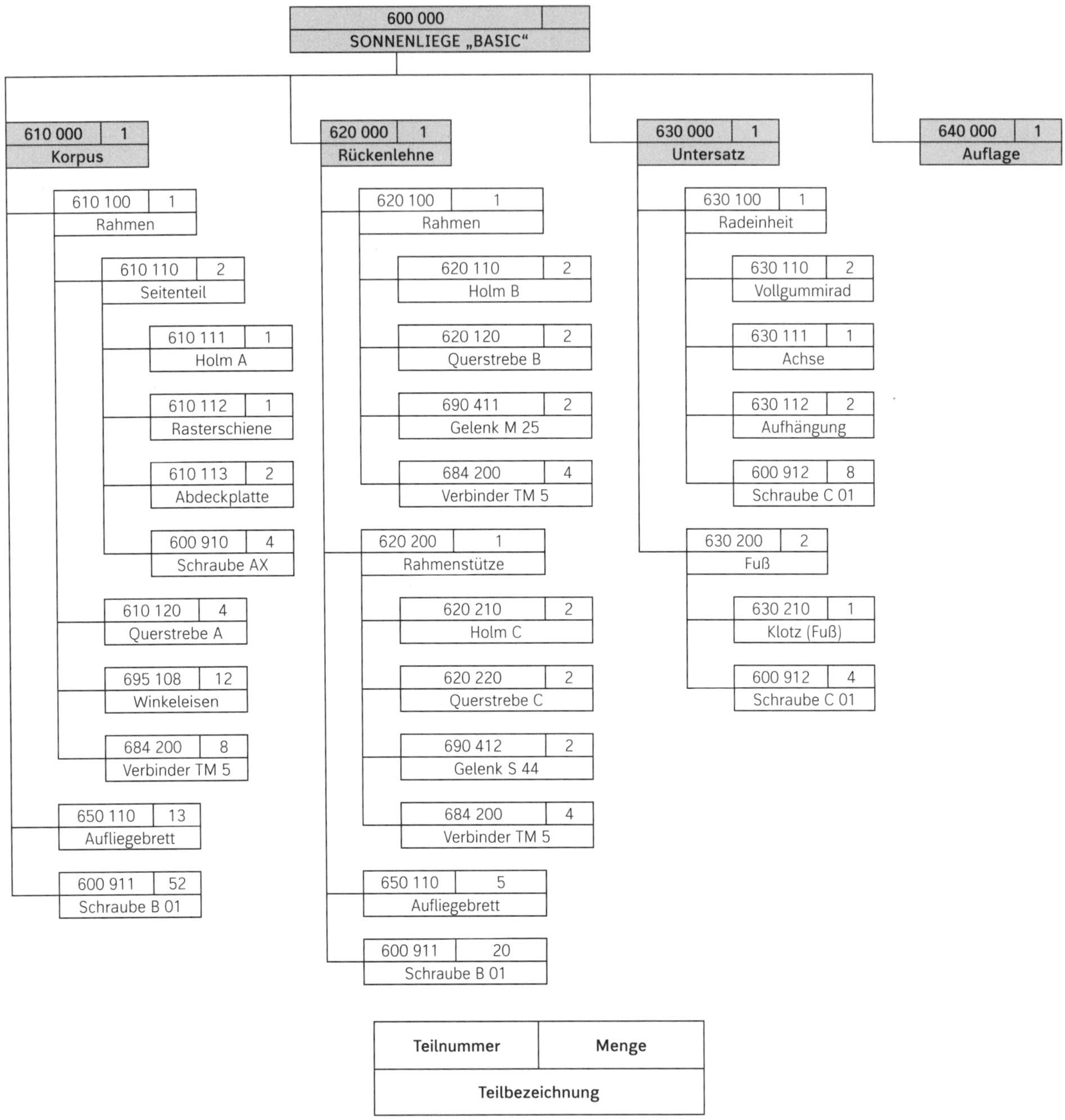

Mithilfe der programmorientierten Bedarfsermittlung soll der Nettosekundärbedarf für die Produktion der 460 Sonnenliegen Typ „Basic“ ermittelt werden. Der Nettosekundärbedarf ist der Bedarf, der unter Berücksichtigung der Lagerbestände bei Zulieferern beschafft (= eingekauft) werden muss.

ARBEITSAUFTRÄGE

Bearbeiten Sie die Arbeitsaufträge mithilfe des nachfolgenden Infotextes.

1. Notieren Sie den Primärbedarf: ______________________

2. Vervollständigen Sie die Mengenstückliste auf Grundlage der vorliegenden Erzeugnisstruktur und ermitteln Sie anschließend den Sekundärbedarf.

Mengenstückliste		
Bezeichnung:	**Sonnenliege Typ „Basic“**	
Artikel-Nr.:	**600 000**	
Teil-Nr.	**Teilbezeichnung**	**Menge**
610 111	Holm A	
610 112	Rasterschiene	
610 113	Abdeckplatte	
600 910	Schraube AX	
610 120	Querstrebe A	
695 108	Winkeleisen	
684 200	Verbinder TM 5	
650 110	Aufliegebrett	
600 911	Schraube B 01	
620 110	Holm B	
620 120	Querstrebe B	
690 411	Gelenk M 25	
620 210	Holm C	
620 220	Querstrebe C	
690 412	Gelenk S 44	
630 110	Vollgummirad	
630 111	Achse	
630 112	Aufhängung	
600 912	Schraube C 01	
630 210	Klotz (Fuß)	
640 000	Auflage	

Sekundärbedarf	
Teil-Nr.	**Menge**
610 111	
610 112	
610 113	
600 910	
610 120	
695 108	
684 200	
650 110	
600 911	
620 110	
620 120	
690 411	
620 210	
620 220	
690 412	
630 110	
630 111	
630 112	
600 912	
630 210	
640 000	

3. Ermitteln Sie exemplarisch für nachfolgende Teile den Nettosekundärbedarf und erläutern Sie Ihr Ergebnis. Der Zuschlag für den Zusatzbedarf beläuft sich für alle Teile auf 5 %. Alle Bestandsangaben sind der Lagerdatei (unten) zu entnehmen. Räder werden in der Lagerdatei bislang noch nicht geführt, da die bisherigen Sonnenliegen ohne Räder ausgestattet wurden. Zukünftig ist ein Mindestbestand (Sicherheitsbestand) von 80 Rädern vorgesehen.

Ermittlung des Nettosekundärbedarfs						
Teilnummer		**610 112**	**610 113**	**695 108**	**684 200**	**630 110**
Teilname		**Rasterschiene**	**Abdeckplatte**	**Winkeleisen**	**Verbinder TM 5**	**Vollgummirad**
	Sekundärbedarf					
+	Zusatzbedarf					
=	**Bruttosekundärbedarf**					
–	Lagerbestand					
–	Bestellbestand					
+	reservierter Lagerbestand					
+	Mindestbestand					
=	**Nettosekundärbedarf**					

Erläuterung:

____

____

____

____

Lagerdatei			
Material-/Teil-Nr.	610 112	**Höchstbestand**	2.000
Material/Teil	Rasterschiene	**Mindestbestand**	50
Einheit	Stück	**Meldebestand**	150
Lagerplatz-Nr.	913	**Reservierungen**	150
Bestellungen	220	**Einstandspreis (€)**	4,50
Datum	**Zugang**	**Abgang**	**Bestand**
1. Januar			450
3. Januar	1.200		1.650
7. Januar		1.190	460
4. Februar	1.200		1.660
8. Februar		500	1.160
22. Februar		600	560

Lagerdatei			
Material-/Teil-Nr.	610 113	**Höchstbestand**	4.000
Material/Teil	Abdeckplatte	**Mindestbestand**	150
Einheit	Stück	**Meldebestand**	300
Lagerplatz-Nr.	944	**Reservierungen**	270
Bestellungen	450	**Einstandspreis (€)**	2,05
Datum	**Zugang**	**Abgang**	**Bestand**
1. Januar			610
5. Januar	2.400		3.010
7. Januar		2.240	770
28. Januar	2.200		2.970
8. Februar		1.050	1.920
22. Februar		1.250	670

Lagerdatei			
Material-/Teil-Nr.	695 108	**Höchstbestand**	10.000
Material/Teil	Winkeleisen	**Mindestbestand**	200
Einheit	Stück	**Meldebestand**	600
Lagerplatz-Nr.	814	**Reservierungen**	490
Bestellungen	600	**Einstandspreis (€)**	0,50
Datum	**Zugang**	**Abgang**	**Bestand**
1. Januar			1.450
5. Januar	4.500		5.950
7. Januar		4.980	970
19. Januar	5.700		6.670
8. Februar		2.090	4.580
22. Februar		2.300	2.280

Lagerdatei			
Material-/Teil-Nr.	684 200	**Höchstbestand**	10.000
Material/Teil	Verbinder TM 5	**Mindestbestand**	300
Einheit	Stück	**Meldebestand**	750
Lagerplatz-Nr.	786	**Reservierungen**	450
Bestellungen	1.150	**Einstandspreis (€)**	1,05
Datum	**Zugang**	**Abgang**	**Bestand**
1. Januar			1.260
4. Januar	4.800		6.060
7. Januar		5.060	1.000
5. Februar	5.800		6.800
8. Februar		2.450	4.350
22. Februar		2.330	2.020

Infotext: Ermitteln des Nettosekundärbedarfs

Schritt 1: Erfassen des Primärbedarfs

Gewöhnlich informiert die Produktion den Einkauf über den Primärbedarf, also die Anzahl der zu produzierenden verkaufsfähigen Endprodukte eines Auftrags.

Beispiel: Ein Haushaltswarenhersteller plant für die Folgeperiode die Produktion von 2.500 Kühlschränken, welche anschließend über den Einzelhandel an Endverbraucher verkauft werden sollen. Diese stellen den Primärbedarf dar.

Schritt 2: Ermitteln des Sekundärbedarfs

Der Sekundärbedarf ist die Menge an Rohstoffen, Einzelteilen und Baugruppen, die zur Fertigung des Primärbedarfs benötigt werden. Er kann mithilfe sogenannter Mengenstücklisten ermittelt werden, welche die erforderlichen Rohstoffe, Einzelteile und Baugruppen für ein Fertigprodukt ausweisen.[1] Es gilt:

Sekundärbedarf = Primärbedarf · Menge gemäß Stückliste

Beispiel: Je Kühlschrank werden laut Mengenstückliste zwei Scharniere benötigt. Bei einem Primärbedarf von 2.500 Kühlschränken ergibt sich ein Sekundärbedarf von 5.000 Scharnieren.

Schritt 3: Vom Sekundärbedarf zum Nettosekundärbedarf

Auf Grundlage des Sekundärbedarfs wird der Nettosekundärbedarf ermittelt. Dabei handelt es sich um den Bedarf, der unter Berücksichtigung des Lager- bzw. Bestellbestands noch beschafft werden muss.

Ermitteln von Brutto- und Nettosekundärbedarf			
	Position	**Erläuterung**	**Beispiel (Stück)**
	Sekundärbedarf	Primärbedarf · Anzahl Teile und Baugruppen gemäß Stückliste	10.000
+	Zusatzbedarf	prozentualer Aufschlag für Verschnitt, Ausschuss, Schwund usw.	100
=	**Bruttosekundärbedarf**	Erforderlicher Gesamtbedarf	10.100
–	Lagerbestand	Bestand, der sich tatsächlich im Lager befindet	3.500
–	Bestellbestand	bereits nachbestellte Menge	800
+	reservierter Bestand	Bestand, der für andere Aufträge zurückgelegt wurde	2.000
+	Mindestbestand	Sicherheitsbestand, der stets auf Lager bleiben muss	500
=	**Nettosekundärbedarf**	zu beschaffen bzw. zu bestellen	**8.300**

In unserem Beispiel ergibt sich ein Nettosekundärbedarf in Höhe von 8.300 Stück. Diese Menge muss noch beschafft werden.

1 Neben der Mengenstückliste gibt es noch zahlreiche andere Arten von Stücklisten (Struktur-, Baukasten-, Variantenstücklisten usw.), die hier nicht vertieft werden sollen.

Kompaktwissen

Materialarten

- **Werkstoffe**
  - Rohstoffe
  - Hilfsstoffe
  - Betriebsstoffe
- **Einzelteile**
- **Baugruppen**

Bedarfsarten

Primärbedarf	Sekundärbedarf	Tertiärbedarf
Marktbedarf an verkaufsfähigen Erzeugnissen	Bedarf an Rohstoffen, Einzelteilen und Baugruppen, die zur Fertigung des Primärbedarfs benötigt werden	Bedarf der betrieblichen Produktion an Hilfs- und Betriebsstoffen (einschließlich Verschleißwerkzeugen)

Verfahren der Bedarfsermittlung

programmorientierte (plangesteuerte) Bedarfsermittlung

Der Bedarf wird auf Grundlage des Primärbedarfs und der daraus abgeleiteten Absatz- und Produktionsprogrammplanung präzise ermittelt. Verfahren:

- Stücklisten
- Rezepturen

Die programmorientierte Bedarfsermittlung wird vor allem für die Ermittlung des Sekundärbedarfs herangezogen.

verbrauchsorientierte Bedarfsermittlung

Der Bedarf wird auf Grundlage von vergangenen Verbrauchswerten prognostiziert. Verfahren:

- arithmetischer Mittelwert
- gleitender Mittelwert
- gewogen-gleitender Mittelwert
- exponentielle Glättung

Die verbrauchsorientierte Bedarfsermittlung wird vor allem für die Ermittlung des Tertiärbedarfs herangezogen.

Ermitteln von Bruttosekundärbedarf und Nettosekundärbedarf

	Sekundärbedarf
+	Zusatzbedarf
=	**Bruttosekundärbedarf**
–	Lagerbestand
–	Bestellbestand
+	reservierter Bestand
+	Mindestbestand (eiserner Bestand, Sicherheitsbestand)
=	**Nettosekundärbedarf**

Vertiefungsaufgaben

1. Kreuzen Sie an, welche Art von Bedarf beim Jeanshersteller Belatex GmbH vorliegt.

Material	Primärbedarf	Sekundärbedarf	Tertiärbedarf
Nähgarn (grau)			
Baumwollstoff			
Reißverschluss			
Designerknöpfe (hochwertig)			
Nadeln			
fertige Jeans			

2. Tragen Sie für die aufgeführten Materialien des Maschinenbauers Hansa Bau KG jeweils die Materialart, die Bedarfsart sowie das Verfahren der Bedarfsermittlung ein:

Material	Materialart	Bedarfsart	Verfahren der Bedarfsermittlung
Stahl (gewalzt)			
Steuerungsmodul			
Klebstoff			
Schrauben (Standard)			
T-Träger (1,5 m lang)			
Armatur (Druckanzeige)			
Lack			
Feder (10 cm Durchmesser)			
Drehmaschine (verkaufsfähig)			

3. Geben Sie an, für welche Fachbegriffe die angegebenen Ziffern stehen: Bei der (1) Bedarfsermittlung wird mithilfe einer (2) der (3) aus dem Primärbedarf abgeleitet. Wird dann der (4) hinzuaddiert, so erhält man den (5). Zieht man davon den Lagerbestand und den (6) ab und addiert den reservierten Bestand sowie den (7) hinzu, erhält man den (8). Dieser ist von der Abteilung (9) zu (10) oder selbst zu fertigen.

4. Der IT-Betrieb Heise OHG erhält den Auftrag, 120 elektrische Schaltungselemente zu fertigen und zu liefern. Ein Schaltungselement enthält u. a. acht Transistoren des Typs „HX 24“. Gemäß Lagerdatei sind von diesem Transistortyp (Sicherheitsbestand: 60 Stück) nur noch 87 Stück auf Lager. Zwar sind bereits 200 Stück nachbestellt, jedoch nicht zuletzt deswegen, weil für einen anderen Auftrag 180 Stück reserviert werden mussten. Der Betrieb rechnet mit 5 % Zusatzbedarf. Ermitteln Sie den Nettosekundärbedarf dieser Transistoren.

5. Der Möbelhersteller PICU GmbH erhält einen Auftrag über 200 sechstürige Schrankelemente. An jeder Tür sind ein Chromgriff, zwei Chromscharniere und vier Magnetelemente angebracht. Anders als die Chromgriffe und die Scharniere wurden die Magnetelemente (zukünftiger Mindestbestand: 60 Stück) bei der PICU GmbH bislang noch nicht verarbeitet. Von den Chromgriffen ist nur noch der Sicherheitsbestand (50 Stück) auf Lager, jedoch sind 150 Stück nachbestellt und 96 für einen anderen Auftrag reserviert. Von den Scharnieren (Sicherheitsbestand: 100 Stück) sind noch 246 Stück auf Lager, davon sind allerdings 88 Stück reserviert, nachbestellt wurden noch keine. Die Fertigung rechnet bei allen Teilen mit 6 % Zusatzbedarf. Ermitteln Sie den Brutto- und den Nettosekundärbedarf an Chromgriffen, Chromscharnieren und Magnetelementen für diesen Auftrag.

C Beschaffungsprozess

Praxisfall „Kampmann GmbH“

1 Darstellen einer Übersicht über den Beschaffungsprozess

Frau Braun, Leiterin der Abteilung „Einkauf“ in der Kampmann GmbH, beschreibt den Prozess der erstmaligen Beschaffung von Fertigungsmaterial:

„Liegt uns der Nettosekundärbedarf vor, ermitteln wir erst einmal mögliche Bezugsquellen. Sind diese dann bekannt, verfassen wir Anfragen und versenden diese an die ermittelten Lieferanten. Die in den folgenden Tagen eingehenden Angebote vergleichen wir hinsichtlich Preis und anderer Kriterien. Anschließend geben wir beim besten Lieferanten eine Bestellung auf. Dieser sendet uns dann eine Auftragsbestätigung, welche wir immer noch einmal daraufhin überprüfen, ob sie mit unserer Bestellung übereinstimmt. Falls nicht, informieren wir den Lieferanten und bitten ihn, uns eine korrigierte Auftragsbestätigung zuzusenden. Stimmen Auftragsbestätigung und Bestellung überein, legen wir hier den Artikel im EDV-System an und vergeben einen Lagerplatz. Wird die Ware dann angeliefert, führen wir eine Wareneingangskontrolle durch: Wenn die Ware in Ordnung ist, erfassen wir den Wareneingang im EDV-System und lagern die Ware ein. Gibt es jedoch etwas zu beanstanden, verfassen und versenden wir unverzüglich eine Mängelrüge, in der wir eine Neulieferung bzw. eine Nachbesserung verlangen. Anschließend wird die Eingangsrechnung auf sachliche und auf rechnerische Richtigkeit überprüft. Enthält sie Unstimmigkeiten, müssen wir den Lieferanten darüber informieren und um die Zusendung einer korrekten Rechnung bitten. Die korrekte Eingangsrechnung wird dann in der Buchhaltung gebucht. Erst zu einem späteren Zeitpunkt wird sie bezahlt und die Bezahlung gebucht. Damit ist der Beschaffungsprozess abgeschlossen.“

ARBEITSAUFTRAG

Verschaffen Sie sich eine Übersicht über den gesamten Beschaffungsprozess der Kampmann GmbH. Vervollständigen Sie dazu mithilfe der Hinweise auf Seite 137 (im Anhang) die nachfolgende ereignisgesteuerte Prozesskette (EPK). Verwenden Sie aussagefähige Abkürzungen.

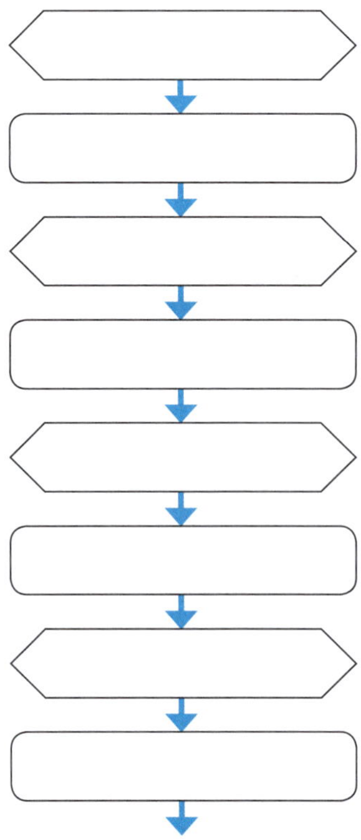

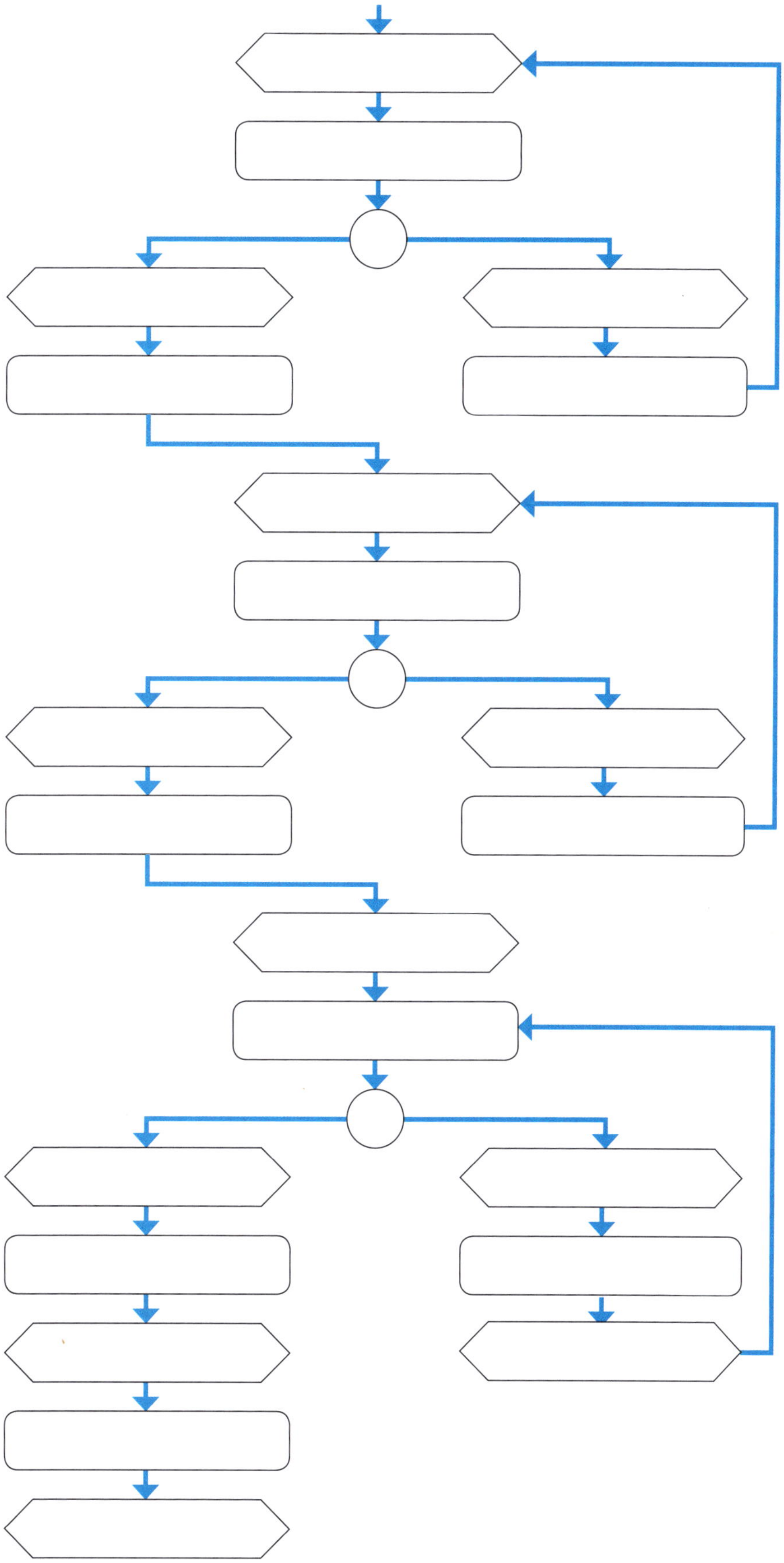

2 Ermitteln der Bezugsquellen

In einem ersten Schritt sollen Bezugsquellen (Lieferanten) für die Räder ermittelt werden, da diese der Kampmann GmbH noch nicht bekannt sind.

ARBEITSAUFTRÄGE

1. Warum sollte die Kampmann GmbH mehrere Bezugsquellen ermitteln und nicht nur eine?

____

____

____

____

2. Zur Ermittlung der Bezugsquellen (Lieferanten) kann der Einkauf auf unternehmensinterne und -externe Informationsquellen zurückgreifen. Listen Sie Ihnen bekannte interne und externe Informationsquellen der Bezugsquellenermittlung auf.

interne Informationsquellen	externe Informationsquellen

3. Ermitteln Sie mithilfe der Website www.wlw.de („Wer liefert was?“) drei deutsche Lieferanten von Rädern mit Vollgummibereifung. Finden Sie auch Lieferanten in der Nähe der Kampmann GmbH?

Firma[1]	Straße, Hausnummer	Postleitzahl	Ort

1 „Firma“ ist der Name, unter dem ein Kaufmann seine Geschäfte betreibt.

3 Erstellen von Anfragen

ARBEITSAUFTRÄGE

Bearbeiten Sie die Arbeitsaufträge mithilfe der beiden nachfolgenden Infotexte.

1. Verfassen Sie im Namen von Herrn Scheerer (Zeichen: sc, Telefon: 040 60012-123) exemplarisch eine Anfrage an einen Radhersteller Ihrer Wahl (Erstellungsdatum: 1. März 20.., Bestellmenge: 1.046 Stück, Lieferung bis zum 30. März 20..). Die Konstruktionsabteilung der Kampmann GmbH hat folgende Anforderungen an die Räder aufgelistet: Tragfähigkeit: 300 kg, Material: Vollgummi, Durchmesser: 16 cm, Breite: 5 cm, sanddichtes Kugellager für 15-mm-Welle (Achse).

Kampmann GmbH

Kampmann GmbH – Industriering 44-46 – 22297 Hamburg

Ihr Zeichen: ____
Ihre Nachricht vom: ____
Unser Zeichen: ____
Unsere Nachricht vom: ____
Name: ____
Telefon: ____
E-Mail: ____
Datum: ____

Anfrage

Sitz des Unternehmens	Kontakt	Handelsregister	Bankverbindung
Industriering 44–46 22297 Hamburg Geschäftsführung Sven Kampmann	Telefon: 040 60012-0 Telefax: 040 60012-20 E-Mail: info@kampmann.de Web: www.kampmann.de	HRB 103754 Amtsgericht Hamburg (Mitte)	Bankhaus Neelsen & Partner IBAN: DE18 2025 0908 2264 5594 09 BIC: PBNKDEFF

2. Beurteilen Sie, ob diese Anfrage zum Abschluss eines Kaufvertrags führt, und begründen Sie Ihre Meinung.

Infotext: Die Anfrage

Kaufmännische Bedeutung

Die Anfrage dient der Anbahnung eines Kaufvertrags. Mit der Anfrage bringt der Kunde (= Käufer) in Erfahrung, welche Preise und Konditionen (Lieferungs- und Zahlungsbedingungen) ausgesuchte Lieferanten (= Verkäufer) für bestimmte Waren verlangen. Grundsätzlich sind zwei Arten von Anfragen zu unterscheiden:

- **Allgemeine Anfragen:** Mit allgemeinen Anfragen bittet der Kunde den Lieferanten um Zusendung von Prospekten, Katalogen, Preislisten und ggf. auch von Mustern.
- **Spezielle Anfragen:** Mit speziellen Anfragen bittet der Kunde den Lieferanten um Zusendung eines Angebots mit Preisen und Konditionen zu einem speziellen Produkt bzw. einer speziellen Dienstleistung.

Die nachfolgenden Ausführungen beziehen sich auf die spezielle Anfrage.

Juristische Bedeutung

Anfragen dienen nur der Informationsgewinnung und sind rechtlich unverbindlich. Mit einer Anfrage legt sich der Kunde also in keiner Weise fest, einen Kaufvertrag abzuschließen. Aus diesem Grund darf er gleichzeitig mehrere Anfragen an unterschiedliche Lieferanten versenden.

Inhalt

- genaue Artikelbezeichnung oder Beschreibung der Ware und ihrer Beschaffenheit bzw. eine Auflistung wichtiger Produktanforderungen (z. B. Abmessungen)
- benötigte Menge der Ware
- Erkundigung nach Preis der Ware sowie nach Lieferungs- und Zahlungsbedingungen

Typische Redewendungen

- *„Sehr geehrte Damen und Herren, ...“*
- *„Ihr Unternehmen wurde uns von ... empfohlen.“*
- *„In der Fachzeitschrift ... wurden wir auf Ihre Produkte aufmerksam.“*
- *„Für unsere Produktion benötigen wir ...“*
- *„Senden Sie uns bitte einen Katalog und eine Preisliste ...“*
- *„Wir benötigen die Ware bis zum ...“*
- *„Bitte informieren Sie uns auch über Ihre Lieferungs- und Zahlungsbedingungen.“*
- *„Wir hoffen auf eine erfolgreiche Zusammenarbeit.“*
- *„Mit freundlichem Gruß ...“*

Praxishinweis

Abhängig von der Bedeutung des Produkts und dem Umfang der geplanten Zusammenarbeit kann es sinnvoll sein, vor Versendung einer Anfrage eine Eignungsprüfung potenzieller Lieferanten vorzunehmen. Zu diesem Zweck besuchen die Einkäufer oftmals im Vorfeld entsprechende Messen, Ausstellungen und auch die Zulieferbetriebe vor Ort, um die Produktion und das Qualitätsmanagement in Augenschein zu nehmen.

Infotext: Gestaltung von Geschäftsbriefen gemäß DIN 5008

Die DIN 5008 enthält einheitliche Schreib- und Gestaltungsregeln für die Textverarbeitung in Wirtschaft und Verwaltung. Ziel der Norm ist es, Schriftstücke formal einheitlich und übersichtlich zu gestalten und damit die Kommunikation zwischen Absender und Empfänger zu vereinfachen. Die DIN 5008 legt also nicht fest, „was" zu schreiben ist, sondern „wie" es zu schreiben ist. Dabei sind in einigen Fällen alternative Darstellungen möglich (z. B. die Form der Datumsangabe: „2018-05-01" oder alternativ „01.05.2018"). In der Wirtschaftspraxis werden die Vorgaben der DIN 5008 als Empfehlungen betrachtet, nicht als verbindliche Regelung.

Beispiel:
Aufbau eines Geschäftsbriefes unter Berücksichtigung der DIN 5008

Feld für Briefkopf

Postanschrift des Absenders
Postvermerke
Postvermerke
Postvermerke
Firmenname
Ansprechpartner
Postfach oder Straße mit Hausnummer
Postleitzahl und Bestimmungsort

Ihr Zeichen: ____
Ihre Nachricht vom: ____
Unser Zeichen: ____
Unsere Nachricht vom: ____

Name: ____
Telefon: ____
E-Mail: ____

Datum: ____

Betreff

Anrede

Brieftext (mit Absätzen)

Grußformel

Bezeichnung der Firma

Zusatz (z. B. i.A., i.V., ppa.) und Unterschrift

Maschinenschriftliche Angabe des Unterzeichners

Anlagen

Feld für geschäftliche und gesellschaftsrechtliche Angaben

4 Vergleichen von Angeboten

In den folgenden Tagen gehen nachfolgende drei Angebote bei der Kampmann GmbH ein:

Haller KG

Haller KG – Bliesdorfer Landstraße 64 – 23552 Lübeck
Kampmann GmbH
Industriering 44–46
22297 Hamburg

Ihr Zeichen: sc
Ihre Nachricht vom: 20..-03-01
Unser Zeichen: te
Unsere Nachricht vom:

Name: Johanna Terkoven
Telefon: 0451 7403-34
E-Mail: j.terkoven@haller-kg.de
Datum: 20..-03-05

Angebot

Sehr geehrter Herr Scheerer,

vielen Dank für Ihre Anfrage vom 1. März 20..

Wir bieten Ihnen zu folgenden Konditionen an:

Vollgummirad P 100, Tragfähigkeit: 300 kg, Material: Vollgummi, Durchmesser: 16 cm, Breite: 5 cm, sanddichtes Kugellager für 15-mm-Welle

Der Listenverkaufspreis beträgt 42,99 € pro Stück zzgl. 19 % Umsatzsteuer (inkl. Leihverpackung).

Bei einer Abnahmemenge ab 800 Stück gewähren wir Ihnen 12 % Mengenrabatt, dieser erhöht sich ab einer Abnahmemenge von 1.500 Stück auf 24 %. Die Lieferzeit beträgt 14 Tage ab Auftragseingang, die Lieferung erfolgt unfrei, die Frachtkosten belaufen sich pauschal auf 150,00 € zzgl. 19 % Umsatzsteuer.

Zahlung innerhalb von 14 Tagen mit 2 % Skonto oder innerhalb von 30 Tagen netto Kasse[1]

Wir freuen uns auf Ihren Auftrag!

Mit freundlichem Gruß

Haller KG

i. A. Terkoven

Johanna Terkoven

Sitz des Unternehmens
Bliesdorfer Landstraße 64
23552 Lübeck
Komplementär
Ludwig Haller

Handelsregister
HRA 1202
Amtsgericht
Lübeck

Kontakt
Tel.: 0451 7403-0
Web: www.haller.de
E-Mail: info@haller.de

Bankverbindung
Deutsche Bank Lübeck
IBAN: DE98 2441 1750 0027 1954 30
BIC: DEUTDEDB237

Finanzamt Lübeck
Steuernummer:
6674391242761
USt-IdNr.:
DE648255579

Ergebnis einer Recherche über das Unternehmen:

Die Haller KG hat hinsichtlich Zuverlässigkeit und der Einhaltung vereinbarter Lieferzeiten einen sehr guten Ruf. Die Liefermengenflexibilität wie auch die Umweltfreundlichkeit bei Fertigungsverfahren und Produkten können, wie aus gut unterrichteten Quellen verlautete, ebenfalls als sehr gut eingestuft werden. Nach Angaben einiger Kunden ist das Unternehmen jedoch wenig kulant im Fall von Reklamationen.

1 „netto" oder „netto Kasse" bedeutet in diesem Zusammenhang „ohne Abzüge"

Tholen & Frey

Tholen & Frey GmbH – Tannenweg 5 – 33602 Bielefeld
Kampmann GmbH
Industriering 44-46
22297 Hamburg

Ihr Zeichen:	sc
Ihre Nachricht vom:	20..-03-01
Unser Zeichen:	gr
Unsere Nachricht vom:	
Name:	Judith Grimm
Telefon:	0522 3400-25
E-Mail:	
Datum:	20..-03-06

Angebot Rad Modell TL 416

Sehr geehrter Herr Scheerer,

vielen Dank für Ihre Anfrage zu unseren Rädern. Wir bieten Ihnen an:

Rad Modell TL 416, Tragfähigkeit: 300 kg, Material: Vollgummi, Durchmesser: 16 cm, Breite: 5 cm, sanddichtes Kugellager für 15-mm-Welle

Der Listenverkaufspreis beträgt 43,70 € pro Stück zzgl. 19 % Umsatzsteuer. Es gelten folgende Konditionen: Bei Abnahme ab 1.000 Stück gewähren wir Ihnen 20 % Mengenrabatt, bei Abnahme ab 1.500 Stück erhöht sich der Rabatt auf 25 %.

Lieferungsbedingungen: Die Lieferzeit beträgt 7 Tage nach Auftragseingang. Für den Transport der Ware von Bielefeld nach Hamburg entstehen Ihnen Transportkosten in Höhe von 290,00 € (zzgl. 19 % Umsatzssteuer), die Ihnen gesondert von unserem Vertragspartner (Spedition Stadler KG) in Rechnung gestellt werden.

Verpackung: Die Ware wird auf einer Euro-Flachpalette angeliefert und diese bei Anlieferung kostenlos ausgetauscht.

Zahlungsbedingungen: Zahlung innerhalb von 14 Tagen mit 3 % Skonto oder innerhalb von 30 Tagen netto Kasse

Wir sehen Ihrer Bestellung gern entgegen!

Mit freundlichem Gruß

Tholen & Frey GmbH

i. A. Grimm

Judith Grimm

Sitz des Unternehmens
Tannenweg 5
33602 Bielefeld
Geschäftsführung
Marc Tholen, Julia Frey

Kontakt
Telefon: 0522 3400-0
Telefax: 0522 3400-150
E-Mail: info@tholenundfrey.de
Web: www.tholenundfrey.de

Handelsregister
HRB 7338
Amtsgericht Bielefeld

Bankverbindung
Commerzbank Bielefeld
IBAN: DE22 6904 0937 8884 00
BIC: COBADFFXXX

Ergebnis einer Recherche über das Unternehmen:

In der Branche ist bekannt, dass man sich bei der Tholen & Frey GmbH auf eine pünktliche Lieferung stets verlassen kann. Darüber hinaus waren die meisten Kunden mit der Liefermengenflexibilität und der Abwicklung von Reklamationen überdurchschnittlich zufrieden. Die Tholen & Frey GmbH konnte ihr Engagement im Umweltschutz regelmäßig durch entsprechende Umweltzertifikate nachweisen.

Rollmeister

Rollmeister GmbH – Stresemannstraße 212 – 28366 Bremen
Kampmann GmbH
Industriering 44-46
22297 Hamburg

Ihr Zeichen:	sc
Ihre Nachricht vom:	20..-03-01
Unser Zeichen:	br
Unsere Nachricht vom:	
Name:	Jan-Wilhelm Braack
Telefon:	0421 61422-88
E-Mail:	
Datum:	20..-03-04

Angebot Rad Modell Co-Star 6400

Sehr geehrter Herr Scheerer,

vielen Dank für Ihr Interesse an unseren Produkten! Wir freuen uns, Ihnen folgendes Angebot unterbreiten zu können:

Rad Modell Co-Star 500, Tragfähigkeit: 300 kg, Material: Vollgummi, Durchmesser: 16 cm, Breite: 5 cm, sanddichtes Kugellager für 15-mm-Welle

Der Listenverkaufspreis beträgt nur 36,50 € pro Stück zzgl. 19 % Umsatzsteuer.

Wir gewähren Ihnen 20 % Mengenrabatt ab einer Abnahmemenge von 2.000 Stück, 10 % Mengenrabatt ab 1.500 Stück und 5 % Mengenrabatt ab 500 Stück. Wir liefern innerhalb von 10 Tagen nach Auftragseingang, die Lieferung erfolgt frei Haus, Ihnen entstehen keine Verpackungskosten.

Zahlung innerhalb von 14 Tagen mit 2 % Skonto oder innerhalb von 30 Tagen ohne Abzüge

Wir freuen uns auf Ihren Auftrag!

Mit freundlichem Gruß

Rollmeister GmbH

i. A. *Jan-Wilhelm Braack*

Jan-Wilhelm Braack

Sitz des Unternehmens	**Handelsregister**	**Kontakt**	**Bankverbindung**
Stresemannstraße 212	HRB 33912	Tel.: 0421 61422-0	Bremer Bank
28366 Bremen	Amtsgericht	Web: www.rollmeister.de	IBAN: DE45 5887 2012 0039 7564 20
Geschäftsführer	Bremen Mitte	E-Mail: info@rollmeister.de	BIC: BRLADE22XXX
Ferthat Yilmaz			

Ergebnis einer Recherche über das Unternehmen:

Die Rollmeister GmbH wird hinsichtlich Liefermengenflexibilität und Kulanz im Reklamationsfall von vielen Einkäufern aus der Branche als sehr gut beurteilt. Produkte und Fertigungsverfahren sind nach eigenen Angaben mit allen geltenden Umweltstandards vereinbar. In mehreren Fällen wurden jedoch vereinbarte Liefertermine nicht eingehalten.

Infotext: Angebot

Kaufmännische Bedeutung

Im Angebot weist der Lieferant konkrete Preise und Konditionen für seine Produkte bzw. Dienstleistungen aus. Ein Angebot kann sich auf eine zuvor eingegangene Anfrage des Kunden beziehen, es kann aber auch unaufgefordert versendet werden.

Juristische Bedeutung

Die juristische Bedeutung eines Angebots ist davon abhängig, ob es sich um ein verbindliches oder ein unverbindliches Angebot handelt:

- **Verbindliches Angebot:** Mit einem Angebot legt sich der Lieferant juristisch fest, wenn er es an eine bestimmte Person richtet und deutlich macht, dass er sich rechtlich binden will. Eine solche verbindliche Willenserklärung nennen die Juristen einen „Antrag". Sofern der Kunde rechtzeitig und unter Beibehaltung der Angebotskonditionen bestellt, nimmt dieser den Antrag an und der Kaufvertrag ist abgeschlossen. Der Lieferant kann die Dauer der Gültigkeit des Angebots frei bestimmen, ansonsten muss die Bestellung bei postalischem Schriftverkehr innerhalb einer Woche beim Lieferanten eingehen.
- **Unverbindliches Angebot:** Der Lieferant kann die Bindung an das Angebot aber auch durch sogenannte Freizeichnungsklauseln („freibleibend", „unverbindlich" usw.) ausschließen. In diesem Fall ist das Angebot unverbindlich und damit keinen Antrag im juristischen Sinne, sondern nur eine Werbung bzw. eine Anpreisung. Es entsteht also selbst dann kein Kaufvertrag, wenn der Kunde daraufhin rechtzeitig und unter Beibehaltung der Konditionen bestellt – die Bestellung des Kunden gilt dann als neuer Antrag. Ebenso kann der Lieferant die Bindung an sein Angebot teilweise ausschließen (z. B. mit der Klausel „Preise freibleibend").

Ein Angebot bedarf keiner bestimmten Form, es kann also mündlich, telefonisch, schriftlich und auch elektronisch (per Fax, E-Mail oder Mausklick) abgegeben werden. Details zum Zustandekommen eines Kaufvertrags sind Gegenstand von Kapitel D 2.

Inhalt

Ein Angebot beinhaltet in aller Regel:

- Bezugnahme auf die Anfrage (sofern dem Angebot eine Anfrage vorausging)
- genaue Artikelbezeichnung oder Beschreibung der Ware und ihrer Beschaffenheit bzw. eine Auflistung wichtiger Produktanforderungen (z. B. Abmessungen)
- Menge der Ware
- Preis der Ware
- Lieferbedingungen (Lieferort, Lieferkosten, Liefertermin usw.)
- Zahlungsbedingungen (Art der Bezahlung, Zahlungstermin, Skontobedingungen[1])
- sonstige Konditionen (z. B. Eigentumsübergang, Erfüllungsort, Gerichtsstand)

Fehlen entsprechende Vereinbarungen, so gilt jeweils die gesetzliche Regelung (siehe Kapitel D 3).

Typische Redewendungen

- *„ ... wir danken für Ihre Anfrage ..."*
- *„... wir danken für das Interesse an unseren Produkten ..."*
- *„... hiermit bieten wir Ihnen ... an ..."*
- *„... es gelten folgende Konditionen: ..."*
- *„... wir freuen uns über Ihren Auftrag."*

1 Preisermäßigung bei vorzeitiger Zahlung

Die vorliegenden drei Angebote stammen von Lieferanten, von denen bekannt ist, dass sie Produkte einer sehr guten Qualität liefern, die alle Anforderungen der Kampmann GmbH erfüllen. Darüber hinaus sind alle drei gemäß DIN ISO 9000ff.[1] zertifiziert.

ARBEITSAUFTRÄGE

1. Führen Sie mithilfe des nachfolgenden Infotextes den quantitativen Angebotsvergleich durch. Nehmen Sie dazu auch die Grafik „Versandklauseln" im Infotext auf Seite 70 zu Hilfe.

Bezugskalkulation						
Position	*Angefragte Menge:*					
	Haller KG		Tholen & Frey GmbH		Rollmeister GmbH	
	%	€	%	€	%	€

2. Führen Sie mithilfe der vorliegenden Rechercheergebnisse und dem nachfolgenden Infotext nun auch den qualitativen Angebotsvergleich (Lieferantenbewertung) unter Einsatz einer Nutzwertanalyse durch. Beziehen Sie dabei auch den Bezugspreis als Entscheidungskriterium mit ein.

Nutzwertanalyse: Lieferantenbewertung								
Nr.	Entscheidungs-kriterium	Ge-wich-tung	*Gewichtung: 100 % = sehr wichtig; 0 % = unwichtig Bewertung: 10 = sehr gut; 1 = sehr schlecht*					
			Haller KG		Tholen & Frey GmbH		Rollmeister GmbH	
			Bewertung (einfach)	Bewertung (gewichtet)	Bewertung (einfach)	Bewertung (gewichtet)	Bewertung (einfach)	Bewertung (gewichtet)

3. Ergebnis des Angebotsvergleichs: ______________________________

4. Beurteilen Sie mithilfe des vorangehenden Infotextes, ob eines der Angebote zum Abschluss eines Kaufvertrags führt, und begründen Sie Ihre Meinung.

____

1 Normenreihe zur Durchführung eines systematischen betrieblichen Qualitätsmanagements

Infotext: Quantitativer und qualitativer Angebotsvergleich

Quantitativer Angebotsvergleich

Ein wichtiges Kriterium für die Auswahl eines Angebots ist der „Bezugspreis" („Einstandspreis"). Dieser berücksichtigt gewährte Rabatte, Skonti (Preisnachlässe bei vorzeitiger Zahlung) sowie mögliche Bezugskosten. Der Bezugspreis wird mithilfe der Bezugskalkulation ermittelt:

Beispiel:

Bezugskalkulation						
Position	*Angefragte Menge:*		*500*			
	Lieferant 1		Lieferant 2		Lieferant 3	
	%	€	%	€	%	€
Listeneinkaufspreis (LEP) pro Stück		**19,50**		**24,90**		**16,99**
Listeneinkaufspreis (LEP) gesamt		**9.750,00**		**12.450,00**		**8.495,00**
– Liefererrabatt	15 %	1.462,50	25 %	3.112,50	5 %	424,75
= Zieleinkaufspreis (ZEP)		**8.287,50**		**9.337,50**		**8.070,25**
– Liefererskonto	3 %	248,63	2 %	186,75	3 %	242,11
= Bareinkaufspreis (BEP)		**8.038,87**		**9.150,75**		**7.828,14**
+ Bezugskosten		790,00		0,00		499,00
= Bezugspreis (BP)		**8.828,87**		**9.150,75**		**8.327,14**

Qualitativer Angebotsvergleich

Neben dem Bezugspreis sollten beim Angebotsvergleich auch qualitative (= nicht zahlenmäßig messbare) Kriterien (z. B. Lieferzeit) berücksichtigt werden. Deshalb wird der quantitative Angebotsvergleich um einen qualitativen Angebotsvergleich (Lieferantenbewertung) ergänzt. Zu diesem Zweck wird eine Nutzwertanalyse (Entscheidungswerttabelle, Scoring-Modell, Punktwertverfahren) eingesetzt, welche in 5 Schritten erstellt wird:

Schritt 1: Sammeln relevanter Bewertungskriterien (ggf. einschließlich Bezugspreis)
Schritt 2: Gewichten der einzelnen Bewertungskriterien nach Bedeutung (Summe = 100 %)
Schritt 3: Bewerten der Lieferanten hinsichtlich der einzelnen Bewertungskriterien
Schritt 4: Multiplizieren der Gewichtungen mit den einzelnen Bewertungen
Schritt 5: Addieren der gewichteten Teilnoten zu einer Gesamtnote

Beispiel:

Nutzwertanalyse: Lieferantenvergleich								
Nr.	Entscheidungs-kriterium	Ge-wich-tung	*Gewichtung: 100 % = sehr wichtig; 0 % = unwichtig Bewertung: 10 = sehr gut; 1 = sehr schlecht*					
			Lieferant 1		Lieferant 2		Lieferant 3	
			Bewertung (einfach)	Bewertung (gewichtet)	Bewertung (einfach)	Bewertung (gewichtet)	Bewertung (einfach)	Bewertung (gewichtet)
1	Bewertungskritierium Nr. 1	40 %	4	**1,6**	5	**2**	6	**2,4**
2	Bewertungskritierium Nr. 2	20 %	7	**1,4**	9	**1,8**	7	**1,4**
3	Bewertungskritierium Nr. 3	30 %	3	**0,9**	4	**1,2**	5	**1,5**
4	Bewertungskritierium Nr. 4	10 %	6	**0,6**	3	**0,3**	6	**0,6**
Summen:		100 %		4,5		5,3		5,9

5 Aufgeben der Bestellung

ARBEITSAUFTRÄGE

Bearbeiten Sie die Arbeitsaufträge mithilfe des nachfolgenden Infotextes.

1. Verfassen Sie im Namen von Herrn Scheerer die Bestellung für die 1.046 Räder (Erstellungsdatum: 18. März 20.., Bestellnummer 2042). Diese soll alle wesentlichen Inhalte gemäß Infotext enthalten.

Kampmann GmbH

Kampmann GmbH – Industriering 44-46 – 22297 Hamburg

Ihr Zeichen: ____________
Ihre Nachricht vom: ____________
Unser Zeichen: ____________
Unsere Nachricht vom: ____________
Name: ____________
Telefon: ____________
E-Mail: ____________
Datum: ____________

Bestellung Nr. ____________

Sitz des Unternehmens	**Kontakt**	**Handelsregister**	**Bankverbindung**
Industriering 44–46 22297 Hamburg Geschäftsführung Sven Kampmann	Telefon: 040 60012-0 Telefax: 040 60012-20 E-Mail: info@kampmann.de Web: www.kampmann.de	HRB 103754 Amtsgericht Hamburg (Mitte)	Bankhaus Neelsen & Partner IBAN: DE18 2025 0908 2264 5594 09 BIC: PBNKDEFF

2. Beurteilen Sie, ob diese Bestellung zum Abschluss eines Kaufvertrags führt, und begründen Sie Ihre Meinung.

Infotext: Bestellung

Kaufmännische Bedeutung

Mit der Bestellung (auch „Auftrag") erklärt der Kunde dem Lieferanten verbindlich, dass er eine bestimmte Menge seiner Ware kaufen will. Die Bestellung kann sich auf ein zuvor eingegangenes Angebot des Lieferanten beziehen, sie kann aber auch ohne vorheriges Angebot versendet werden. Bezieht sie sich auf ein vorheriges Angebot, so sollte sie noch einmal alle wichtigen Angebotsinhalte (genaue Produktbezeichnung, Menge, Preis, Konditionen usw.) enthalten.

Juristische Bedeutung

Eine Bestellung ist im juristischen Sinne stets eine verbindliche Willenserklärung des Kunden, das bedeutet, dieser legt sich mit einer Bestellung in jedem Fall rechtsverbindlich fest. Die Bestellung ist aus juristischer Perspektive entweder ein „Antrag" oder eine „Annahme":

- **Bestellung als Antrag:** Die Bestellung des Käufers ist ein Antrag, wenn ihr kein verbindliches Angebot vorausging oder wenn sie verspätet oder unter abgeänderten Konditionen auf ein verbindliches Angebot des Verkäufers folgt. In diesem Fall führt erst die anschließende Auftragsbestätigung des Lieferanten zum Vertragsabschluss.
- **Bestellung als Annahme:** Die Bestellung des Käufers ist eine Annahme, sofern der Bestellung ein verbindliches Angebot vorausging und der Käufer rechtzeitig (bei postalischem Schriftverkehr innerhalb einer Woche, sofern keine andere Frist im Angebot angegeben ist) und unter Beibehaltung der Angebotskonditionen bestellt. In diesem Fall führt die Bestellung zum Vertragsabschluss.

Eine Bestellung bedarf keiner bestimmten Form, sie kann mündlich, telefonisch, schriftlich und auch elektronisch (per Fax, E-Mail oder Mausklick) abgegeben werden. Details zum Zustandekommen eines Kaufvertrags sind Gegenstand von Kapitel D 2.

Inhalt

Eine Bestellung beinhaltet in aller Regel:

- Bezugnahme auf das Angebot (sofern der Bestellung ein Angebot vorausging)
- genaue Artikelbezeichnung oder Beschreibung der Ware und ihrer Beschaffenheit bzw. eine Auflistung wichtiger Produktanforderungen (z. B. Abmessungen)
- Menge der Ware
- Preis der Ware
- Liefer- und Zahlungsbedingungen und ggf. sonstige Konditionen

Fehlen entsprechende Vereinbarungen, so gilt jeweils die gesetzliche Regelung (siehe Kapitel D 3).

Typische Redewendungen

- *„Wir danken Ihnen für das Angebot Nr. 245 vom 15. August 20.."*
- *„Wir bestellen zu den von Ihnen aufgeführten Konditionen ..."*
- *„Mit Ihren Konditionen sind wir einverstanden."*
- *„Die Ware muss bis zum ... geliefert sein, andernfalls verweigern wir die Annahme."*
- *„Bitte gewähren Sie uns ein Zahlungsziel von ..."*

6 Prüfen der Auftragsbestätigung

Am 22. März 20.. geht bei der Kampmann GmbH folgendes Schreiben ein:

Tholen & Frey

Tholen & Frey GmbH – Tannenweg 5 – 33602 Bielefeld
Kampmann GmbH
Industriering 44-46
22297 Hamburg

Ihr Zeichen:	sc
Ihre Nachricht vom:	20..-03-18
Unser Zeichen:	gr
Unsere Nachricht vom:	20..-03-6
Name:	Judith Grimm
Telefon:	0522 3400-25
E-Mail:	
Datum:	20..-03-21

Auftragsbestätigung Nr. 924

Sehr geehrter Herr Scheerer,

hiermit bestätigen wir Ihren Auftrag (Bestellung Nr. 2042) vom 18. März 20.. zu den vereinbarten Konditionen. Die Lieferung erfolgt am 28. März 20..

Vielen Dank für Ihren Auftrag!

Mit freundlichem Gruß

Tholen & Frey GmbH

i. A. *Judith Grimm*

Judith Grimm

Sitz des Unternehmens
Tannenweg 5
33602 Bielefeld
Geschäftsführung
Marc Tholen, Julia Frey

Kontakt
Telefon: 0522 3400-0
Telefax: 0522 3400-150
E-Mail: info@tholenundfrey.de
Web: www.tholenundfrey.de

Handelsregister
HRB 7338
Amtsgericht Bielefeld

Bankverbindung
Commerzbank Bielefeld
IBAN: DE22 6904 0937 8884 00
BIC: COBADFFXXX

ARBEITSAUFTRAG

Beurteilen Sie mithilfe des nachfolgenden Infotextes, ob mit Eingang dieses Schreibens bei der Kampmann GmbH ein Kaufvertrag entstanden ist, und begründen Sie Ihre Meinung.

Infotext: Die Auftragsbestätigung

Kaufmännische Bedeutung

Mit der Auftragsbestätigung bestätigt der Lieferant dem Kunden, dass er die Ware zu den vereinbarten Konditionen liefern wird. Die Auftragsbestätigung bezieht sich stets auf eine vorangehende Bestellung des Kunden. Sie ist üblich, wenn Kunde und Lieferant in ständiger Geschäftsverbindung stehen und auf Anfragen und Angebote verzichten.

Aber auch in den Fällen, in denen durch ein verbindliches Angebot und eine Bestellung schon ein Kaufvertrag abgeschlossen wurde, kann die Auftragsbestätigung aus kaufmännischer Sicht von Nutzen sein, denn nun hat der Kunde endgültige Gewissheit hinsichtlich Lieferung und Liefertermin. Das ist insbesondere dann üblich, wenn eine Lieferung länger dauert und/oder die Vertragsparteien sich nicht gut kennen.

Juristische Bedeutung

Sofern durch ein verbindliches Angebot und eine rechtzeitige und mit dem Angebot übereinstimmende Bestellung bereits ein Kaufvertrag abgeschlossen wurde, ist eine Auftragsbestätigung aus juristischer Sicht ohne Bedeutung.

Wurde im Vorfeld jedoch kein Kaufvertrag abgeschlossen (etwa weil das Angebot unverbindlich war oder weil der Kunde zu spät oder unter abgeänderten Bedingungen bestellt hatte), so wurde die Bestellung automatisch zu einem neuen Antrag und die Auftragsbestätigung stellt nun die Annahme dieses Antrags dar, welche zum Kaufvertragsabschluss führt. Voraussetzung ist, dass auch sie unter Beibehaltung der Bedingungen und rechtzeitig (bei postalischem Schriftverkehr innerhalb einer Woche) beim Kunden eingeht.

Eine Auftragsbestätigung bedarf keiner bestimmten Form, sie kann mündlich, telefonisch, schriftlich und auch elektronisch (per Fax, E-Mail oder Mausklick) abgegeben werden. Details zum Zustandekommen eines Kaufvertrags sind Gegenstand von Kapitel D 2.

Inhalt

In der Auftragsbestätigung können noch einmal alle Kaufvertragsinhalte aus dem Angebot bzw. der Bestellung aufgeführt werden. In der kaufmännischen Praxis werden gewöhnlich nur noch einmal unter Bezug auf die Bestellung folgende Inhalte bestätigt:

- Artikelnummer und Artikelbezeichnung
- Artikelmenge
- Liefertermin

Fehlen entsprechende Vereinbarungen, gilt jeweils die gesetzliche Regelung (siehe Kapitel D 3).

Typische Redewendungen

- *„Wir danken Ihnen für Ihren Auftrag, den wir wie folgt bestätigen: ...“*
- *„Hiermit bestätigen wir Ihren Auftrag mit der Auftragsnummer ... vom ... Die Lieferung erfolgt am ...“*
- *„Hiermit bestätigen wir Ihnen die Lieferung folgender Artikel (Artikelnummer, Artikelbezeichnung, Menge) ... Die Lieferung erfolgt am ...“*

7 Kontrollieren von Ware und Warenbegleitpapieren

Am Nachmittag des 28. März fährt ein Lkw der Spedition Stadler auf dem Hof der Kampmann GmbH vor. Der Frachtführer parkt seinen Lkw, begrüßt den Lagerwart und fragt, wo er die Ware abladen soll. Der Lagerwart der Kampmann GmbH weist ihm einen Platz vor der Lagerhalle zu und holt eine Kopie der Bestellung (Seite 37 f.) aus dem Büro. Als er zurück auf den Hof kommt, liegen dort bereits elf unversehrte Packstücke mit der Aufschrift *„100 Stück Rad TL 416"*. Der Frachtführer händigt dem Lageristen der Kampmann GmbH zwei Dokumente (siehe Folgeseite) aus und zündet sich eine Zigarette an.

ARBEITSAUFTRÄGE

Bearbeiten Sie die Arbeitsaufträge mithilfe des nachfolgenden Infotextes.

1. Zunächst soll Schritt 1 der Wareneingangskontrolle durchgeführt werden.

a) Prüfen Sie, ob die Voraussetzungen von Schritt 1 gegeben sind.

___

b) Prüfen Sie, ob die zugehörigen Kontrollfragen der Checkliste mit „Ja" beantwortet werden können.

___

c) Beschreiben Sie, welche Maßnahmen der Lagerist in diesem Fall zu ergreifen hat.

___

___

2. Nachdem der Frachtführer mit seinem Lkw den Hof der Kampmann GmbH verlassen hat, soll Schritt 2 der Wareneingangskontrolle durchgeführt werden.

a) Prüfen Sie, ob die Voraussetzungen von Schritt 2 gegeben sind.

___

b) Der Lagerist öffnet vier Pakete und packt mehrere Räder aus, die übrigen sechs Pakete lässt er ungeöffnet und schenkt diesen keine weitere Beachtung. Er stellt fest, dass 1.046 Räder vom Typ TL 416 geliefert wurden und dass die von ihm geprüften Räder technisch in Ordnung sind. Wurde die Warenprüfung damit sachgerecht durchgeführt? Begründen Sie Ihre Meinung.

___

___

c) Prüfen Sie, ob die zugehörigen Kontrollfragen der Checkliste mit „Ja" beantwortet werden können.

___

d) Beschreiben Sie, welche Maßnahmen der Lagerist in diesem Fall zu ergreifen hat.

___

___

Spedition Stadler KG

Frachtbrief
für den gewerblichen Güterfernverkehr

Absender:	Empfänger:	Versanddatum:
Tholen & Frey GmbH Tannenweg 5 33602 Bielefeld	Kampmann GmbH Industriering 44-46 22297 Hamburg	28.März 20..

Anzahl Packstücke	Bezeichnung der Sendung	Bruttogewicht
11	Räder/Rollen	836 kg

Empfang der Sendung bescheinigt

Unterschrift des Empfängers

Tholen & Frey

Tholen & Frey GmbH - Tannenweg 5 - 33602 Bielefeld

Kampmann GmbH
Industriering 44-46
22297 Hamburg

Lieferdatum	**28.03.20..**
Lieferschein-Nr.	**1018**
Kunden-Nr.	**3312**

LIEFERSCHEIN

Ihre Bestellnummer	Unsere Auftragsnummer	Lieferart	Ihr Ansprechpartner
2042	924	Lkw	Frau Grimm
Bestelldatum	**Auftragsbestätigung vom**	**Lieferhinweise**	**Telefon**
18.03.20..	21.03.20..	keine	0522-3400-25

Artikel-Nr.	Artikelbezeichnung	Menge (Stück)	Anzahl Packstücke
416 512	Rad TL 416	1.046	11

Die Ware wurde ordnungsgemäß geliefert.

Datum: ________ **Unterschrift:** ____________________

Sitz des Unternehmens
Tannenweg 5
33602 Bielefeld
Geschäftsführung
Marc Tholen, Julia Frey

Kontakt
Telefon: 0522-3400-0
Telefax: 0522-3400-150
E-Mail: info@tholenundfrey.de

Handelsregister
HRB 7338
Amtsgericht Bielefeld
Ust-IdNr.
DE 191624876

Bankverbindung
Commerzbank Bielefeld
IBAN: DE22 6904 4233 0937 4484 00
BIC: COBADEFFXXX

Infotext: Checkliste Wareneingangskontrolle

Die angelieferte Ware muss unverzüglich kontrolliert werden, um im Fall einer mangelhaften Lieferung („Schlechtleistung“) keine Rechtsansprüche zu verlieren. Die Kontrolle erfolgt in zwei Schritten:

- Schritt 1: grobe Prüfung der Lieferung in Gegenwart des Frachtführers
- Schritt 2: ausführliche Prüfung der Ware vor ihrer endgültigen Einlagerung

Beide Prüfschritte können mithilfe folgender Checkliste durchgeführt werden:

Wareneingangskontrolle: Schritt 1	
Voraussetzungen	
☐ Der Frachtführer ist anwesend.	
☐ Die Warenbegleitpapiere[1] und eine Kopie der zugehörigen Bestellung liegen vor.	
Kontrollfragen	
☐ Erwarten wir eine Lieferung von diesem Lieferanten?	
☐ Ist die Lieferung an unseren Betrieb adressiert?	
☐ Wurde der Liefertermin eingehalten?	
☐ Stimmt die Anzahl der Packstücke mit der Angabe auf den Warenbegleitpapieren überein?	
☐ Sind alle Packstücke außerlich unversehrt?	
Maßnahmen	
Fall 1: Alle Fragen können mit „ja“ beantwortet werden.	**Fall 2: Nicht alle Fragen können mit „ja“ beantwortet werden.**
Der Lagerist zeichnet die Warenbegleitpapiere (Frachtbrief bei Lieferung durch Spedition, Lieferschein bei Lieferung durch Hersteller) ab und nimmt die Ware an.	Der Einkauf entscheidet, ob die Ware ganz oder in Teilen (ggf. unter Vorbehalt) angenommen oder die Annahme verweigert werden soll. Der Lagerist lässt sich alle Arten von Unstimmigkeiten in den Warenbegleitpapieren und/oder Beschädigungen der Ware vom Frachtführer schriftlich bestätigen.

Wareneingangskontrolle: Schritt 2	
Voraussetzungen	
☐ Die Lieferung wurde angenommen.	
☐ Der Lieferschein und eine Kopie der zugehörigen Bestellung liegen vor.	
Kontrollfragen	
☐ Wurde die richtige Ware geliefert?	
☐ Wurde die richtige Menge geliefert?	
☐ Ist die Ware frei von Mängeln? (Bei großen Mengen reichen Stichproben.)	
Maßnahmen	
Fall 1: Alle Fragen können mit „ja“ beantwortet werden.	**Fall 2: Nicht alle Fragen können mit „ja“ beantwortet werden.**
Der Lagerist kann die Ware nun im EDV-System erfassen und anschließend einlagern.	Der Einkauf informiert den Lieferanten über das Problem. Im Fall einer mangelhaften Lieferung („Schlechtleistung“) muss unverzüglich eine Mängelrüge verfasst und versandt werden, um keine Ansprüche gegenüber dem Verkäufer zu verlieren (vgl. Kapitel E 2).

1 Frachtbrief der Spedition und Lieferschein des Herstellers

8 Einlagern der Ware

Die gelieferten Räder haben die Wareneingangskontrolle erfolgreich passiert und können nun eingelagert werden. Dazu wird zunächst der Warenzugang in der Lagerdatei des betrieblichen EDV-Systems erfasst (gebucht) und anschließend die Ware zu ihrem Lagerplatz gebracht.

ARBEITSAUFTRÄGE

1. Zum Erfassen des Warenzugangs wird im EDV-System die Lagerdatei des Artikels aufgerufen. Erläutern Sie mithilfe Ihrer EPK (Seite 24 f.), zu welchem Zeitpunkt diese Datei angelegt wurde.

____

____

2. Der Warenzugang soll nun in die Lagerdatei eingegeben werden.

a) Welchen Beleg benötigen Sie dazu? ______________________

b) Tragen Sie den Zugang in der Lagerdatei ein:

Lagerdatei			
Material-/Teil-Nr.	630 110	**Höchstbestand**	1.500
Material/Teil	Vollgummirad	**Mindestbestand**	80
Einheit	Stück	**Meldebestand**	400
Lagerplatz-Nr.	944	**Reservierungen**	0
Bestellungen	0	**Einstandspreis (€)**	43,70
Datum	**Zugang**	**Abgang**	**Bestand**

3. An welchen Lagerplatz ist die Ware zu bringen? ______________________

4. Erläutern Sie das Lagerplatzssystem der Kampmann GmbH mithilfe des nachfolgenden Infotextes.

____

____

5. Diskutieren Sie Pro- und Kontraargumente des Festplatzsystems gegenüber dem Freiplatzsystem mithilfe des nachfolgenden Infotextes.

Pro Festplatzsystem	Kontra Festplatzsystem

Infotext: Lager

Lagerfunktionen

Lagerfunktionen sind die Aufgaben, die das Lager eines Betriebs übernimmt. Grundsätzlich werden folgende Lagerfunktionen unterschieden:

- **Sicherungsfunktion:** Sicherstellung des reibungslosen Produktionsablaufs
- **Zeitüberbrückungsfunktion:** Ausgleich zwischen dem Lieferungs- und dem Bedarfszeitpunkt bzw. zwischen dem Produktions- und dem Absatzzeitpunkt
- **Mengenüberbrückungsfunktion:** Ausgleich der beschafften Menge und der jeweils für die Produktion benötigten Menge bzw. zwischen der Produktions- und der Absatzmenge
- **Spekulationsfunktion:** Ausnutzung von Preisvorteilen wie etwa Mengenrabatte, Sonderangebote, Vorratskäufe im Vorfeld erwarteter Preisanstiege
- **Veredelungsfunktion:** Manche Güter müssen erst gelagert werden, um weiterverarbeitet oder verkauft werden zu können (z. B. Trocknen der Hölzer).

Lagerarten

Lager lassen sich nach unterschiedlichen Kriterien in mehrere Arten unterteilen:

nach betrieblicher Funktion	nach Art der gelagerten Güter	nach Grad der Zentralisierung	nach Eigentumsverhältnissen
■ Materiallager (Beschaffung) ■ Halbfertigteillager (Produktion) ■ Fertigteillager (Absatz)	■ Roh-, Hilfs- und Betriebsstofflager ■ Zulieferteillager (Handelswaren, Fremdbauteile) ■ Ersatzteillager	■ zentrales Lager ■ dezentrales Lager	■ Eigenlager ■ Fremdlager

Lagerplatzsysteme

- **Festplatzsystem:** Jedem Lagergut wird dauerhaft ein fester Lagerplatz zugeordnet. Die betreffende Lagerfläche wird also ausschließlich mit ein und demselben Lagergut bestückt.
- **Freiplatzsystem („chaotische Lagerhaltung"):** Jedes Lagergut wird dort untergebracht, wo gerade Platz ist. Ein und demselben Lagergut werden also immer wieder andere Lagerplätze zugeordnet.

9 Prüfen und Buchen der Eingangsrechnung

Am 29. März gehen folgende Rechnungen bei der Kampmann GmbH ein:

Tholen & Frey GmbH - Tannenweg 5 - 33602 Bielefeld

Kampmann GmbH
Industriering 44-46
22297 Hamburg

Tholen & Frey

Rechnungsdatum	28.03.20..
Rechnungs-Nr.	924
Kunden-Nr.	3312

RECHNUNG

Ihre Bestellnummer	Unsere Auftragsnummer	Lieferschein-Nr.	Ihr Ansprechpartner
2042	924	1018	Frau Grimm
Bestelldatum	**Auftragsbestätigung vom**	**Lieferdatum**	**Telefon**
18.03.20..	21.03.20..	28.03.20..	0522-3400-25

Artikel-Nr.	Artikelbezeichnung	Stückpreis (€)	Menge (Stück)	Rabattsatz (%)	Gesamtpreis (€)
416 512	Rad TL 416	43,70	1.046	20 %	36.568,16

Nettowarenwert (€)	USt (€)	Rechnungsbetrag (€)
36.568,16	**6.947,95**	**43.516,11**

Bezahlung nach 14 Tagen mit 3 % Skonto oder 30 Tage netto Kasse

Sitz des Unternehmens
Tannenweg 5
33602 Bielefeld
Geschäftsführung
Marc Tholen, Julia Frey

Kontakt
Telefon: 0522-3400-0
Telefax: 0522-3400-150
E-Mail: info@tholenundfrey.de

Handelsregister
HRB 7338
Amtsgericht Bielefeld
Ust-IdNr.
DE 191624876

Bankverbindung
Commerzbank Bielefeld
IBAN: DE22 6904 4233 0937 4484 00
BIC: COBADEFFXXX

Spedition Stadler KG - Baumgartenstraße 76 - 33605 Bielefeld

Spedition Stadler KG

Kampmann GmbH
Industriering 44-46
22297 Hamburg

Rechnungsdatum:	28.03.20..
Rechnungsnummer:	766
Kundennummer:	8722

RECHNUNG

Position	Betrag (€)
Verladekosten und Entladekosten	58,00
Transportkosten	145,00
Versicherungskosten	87,00
Zwischensumme (netto)	**290,00**
Umsatzsteuer	55,10
Rechnungsbetrag	**345,10**

Zahlbar ohne Abzug innerhalb von 14 Tagen

ARBEITSAUFTRÄGE

1. Zunächst sollen die Eingangsrechnungen sachlich und rechnerisch geprüft werden.

   a) Welche Dokumente sind für diese Prüfung erforderlich?

   b) Nehmen Sie die Prüfung beider Rechnungen vor.

   c) Prüfen Sie Übereinstimmungen mit den Berechnungen des quantitativen Angebotsvergleichs (Bezugskalkulation) auf Seite 35 und erläutern Sie mögliche Abweichungen.

2. Buchen Sie die Eingangsrechnungen nach der Aufwandsmethode. Nehmen Sie den nachfolgenden Infotext zu Hilfe.

Grundbuch		
Buchungssatz	**Soll (€)**	**Haben (€)**

Infotext: Buchen der Eingangsrechnung

Grundlagen

Die Eingangsrechnung des Lieferanten für die gelieferten Werkstoffe (Roh-, Hilfs- Betriebsstoffe) und Vorprodukte/Fremdbauteile muss in der Finanzbuchhaltung (Fibu) gebucht werden. Die Buchung kann mithilfe der Bestandsmethode oder der Aufwandsmethode erfolgen. Der Betrieb muss sich für eine der beiden Methoden entscheiden und diese dann durchgehend anwenden. Im Folgenden wird die in der Praxis verbreitete Aufwandsmethode vorgestellt. Bei der Aufwandsmethode verzichtet die Fibu auf die Buchung der Mehrung betreffender Lagerbestände und bucht sofort auf folgenden Aufwandskonten: 6000 Aufwendungen für Rohstoffe, 6010 Aufwendungen für Vorprodukte/Fremdbauteile, 6020 Aufwendungen für Hilfsstoffe, 6030 Aufwendungen für Betriebsstoffe/Verbrauchswerkzeuge.

Keine Buchung der Nachlässe

Gebucht wird der Nettowarenwert nach Abzug aller Sofortnachlässe (Mengenrabatte, Treuerabatte usw.). Rabatte werden also nicht buchhalterisch erfasst. Auch später gewährte Preisnachlässe des Lieferers (Skonti bei vorzeitiger Zahlung sowie Boni bei Erreichen eines bestimmten Jahresumsatzes) bleiben beim Buchen der Eingangsrechnung unberücksichtigt, da zu diesem Zeitpunkt noch unbekannt ist, ob sie in Anspruch genommen bzw. gewährt werden.

Buchen der Bezugskosten

Bezugskosten sind Aufwendungen, die rund um die Anlieferung (Transport, Verpackung, Versicherung, Einfuhrzölle usw.) anfallen. Als „Anschaffungsnebenkosten" gehören sie buchhalterisch zu den Anschaffungskosten und könnten deshalb auch sofort auf den oben aufgeführten Aufwandskonten gebucht werden. Sie werden jedoch zunächst auf einem entsprechenden Unterkonto gebucht, um sie besser überwachen zu können: 6001 Bezugskosten für Rohstoffe, 6011 Bezugskosten für Vorprodukte/Fremdbauteile, 6021 Bezugskosten für Hilfsstoffe, 6031 Bezugskosten für Betriebsstoffe/Verbrauchswerkzeuge.

Beispiel: Zieleinkauf von Rohstoffen beim Lieferanten im Wert von 1.250,00 € abzüglich 20 % Mengenrabatt (250,00 €). Hinzu kommen 50,00 € Transportkosten für ein Speditionsunternehmen.

Grundbuch			
Buchungssatz	**Soll (€)**	**Haben (€)**	**Hinweise**
6000 Aufwendungen für Rohstoffe	1.000,00		Nettowarenwert nach Abzug aller Sofortnachlässe (z. B. Mengenrabatte)
2600 Vorsteuer	190,00		Umsatzsteuer auf den Nettowarenwert
an 4400 Verbindlichkeiten a. LL		1.190,00	Verbindlichkeit gegenüber dem Lieferanten bis zur Bezahlung der Rechnung
6001 Bezugskosten für Rohstoffe	50,00		Kosten für Transport, Verpackung, Versicherung, Einfuhrzölle usw.
2600 Vorsteuer	9,50		Umsatzsteuer auf die Bezugskosten für Rohstoffe
an 4400 Verbindlichkeiten a. LL		59,50	Verbindlichkeit gegenüber dem Spediteur/Frachtführer

Buchung einer Bestandsminderung/-mehrung am Jahresende

Erst am Jahresende wird im Rahmen der Inventur geprüft, ob sich die Lagerbestände der einzelnen Werkstoffe vermindert oder vermehrt haben, und die Differenz im entsprechenden Aufwandskonto gegengebucht (z. B. „6000 Aufwendungen für Rohstoffe an 2000 Rohstoffe" bei Bestandsminderung und „2000 Rohstoffe an 6000 Aufwendungen für Rohstoffe" bei Bestandsmehrung).

10 Veranlassen und Buchen der Zahlung

Zunächst soll geprüft werden, ob es sich für die Kampmann GmbH lohnt, die Eingangsrechnung der Tholen & Frey GmbH vorzeitig unter Ausnutzung von Skonto zu bezahlen – selbst wenn dazu ein kurzfristiger Bankkredit bei der Hausbank (Zinssatz 10 %) aufgenommen werden muss.

ARBEITSAUFTRÄGE

Bearbeiten Sie die Arbeitsaufträge mithilfe des nachfolgenden Infotextes.

1. Ermitteln Sie die Kosten dieses Lieferantenkredits.

2. Überschlagen Sie den Jahreszinssatz dieses Lieferantenkredits mithilfe der Näherungsformel.

3. Ermitteln Sie den exakten Jahreszinssatz dieses Lieferantenkredits.

4. Ermitteln und erläutern Sie den Finanzierungserfolg für die Kampmann GmbH.

Infotext: Inanspruchnahme von Skonto

Grundlagen

Um die Kunden zu frühzeitiger Zahlung zu motivieren, gewähren viele Lieferanten ihren Kunden einen Preisnachlass bei vorzeitiger Zahlung, welcher als Skonto bezeichnet wird. Üblich ist dabei ein Skontosatz in Höhe von 2% oder 3% vom Rechnungsbetrag bei Zahlung innerhalb von 10 oder 14 Tagen. Zahlt der Kunde nach Ablauf der Skontofrist, erhält er keinen Skonto und nimmt automatisch einen Lieferantenkredit in Anspruch. Der Kreditzeitraum des Lieferantenkredits entspricht dem Zahlungsziel abzüglich der Skontofrist in Tagen. Der Skontobetrag entspricht den Kosten (= Zinsen) des Lieferantenkredits und wird in die Verkaufspreise einkalkuliert.

Beispiel: Rechnungsbetrag: 10.000,00 €, Zahlungsbedingung: „Zahlung innerhalb von 10 Tagen mit 2% Skonto oder innerhalb von 30 Tagen netto Kasse[1]“. Es ergibt sich ein Kreditzeitraum von 20 Tagen:

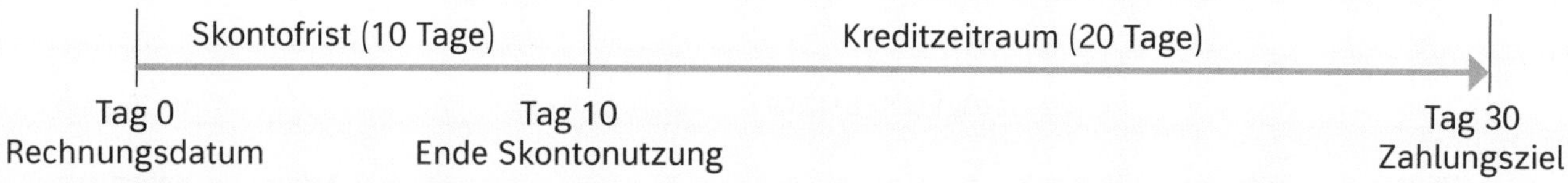

Umrechnung des Skontosatzes in einen Jahreszinssatz

Der Skontosatz darf nicht mit einem Jahreszinssatz („effektiver Zinssatz“) verwechselt werden. Mit folgender kaufmännischer Näherungsformel lässt sich der Skontosatz überschlägig in einen Jahreszinssatz umrechnen:

$$\text{Zinssatz in \% p.a.} = \frac{\text{Skontosatz} \cdot 360}{\text{Kreditzeitraum in Tagen}}$$

Beispiel: In unserem Beispiel oben bedeutet das: (2 · 360) : 20 = 36%.

Der Skontosatz kann mit folgender Formel auch exakt in einen Jahreszinssatz umgerechnet werden:

$$\text{Zinssatz in \% p.a.} = \frac{\text{Skontosatz} \cdot 100 \cdot 360}{(100 - \text{Skontosatz}) \cdot \text{Kreditzeitraum in Tagen}}$$

Beispiel: In unserem Beispiel bedeutet das: (2 · 100 · 360) : (98 · 20) = 36,73%.

Ermittlung des Finanzierungserfolgs

Der Käufer stellt den Ertrag der Skontoinanspruchnahme den Zinsen eines kurzfristigen Bankkredits (Kreditbetrag = ermäßigter Rechnungsbetrag) gegenüber. Die Differenz von Skontoertrag und Kreditzinsen nennt man Finanzierungserfolg. Dieser wird in zwei Schritten ermittelt:

Schritt 1: Zunächst sind die Zinsen des Bankkredits mit der klassischen Zinsformel zu berechnen:

$$\text{Kreditzinsen in €} = \frac{\text{Kreditbetrag} \cdot \text{Zinssatz} \cdot \text{Kreditzeitraum}}{100 \cdot 360}$$

Beispiel: Der Kreditbetrag in unserem Beispiel beträgt 10.000,00 € – 200,00 € = 9.800,00 €. Bei einem Zinssatz in Höhe von 12% bedeutet das: (9.800,00 · 12 · 20) : (100 · 360) = 65,33 € Kreditzinsen.

Schritt 2: Anschließend ist die Differenz zwischen Skontoertrag und Kreditzinsen zu ermitteln:

$$\text{Finanzierungserfolg} = \text{Skontoertrag} - \text{Kreditzinsen}$$

Beispiel: 200,00 € – 65,33 € = 134,67 Finanzierungsgewinn bei Ausnutzung des Skontos

1 Zur Erinnerung: „netto“ oder „netto Kasse“ bedeutet in diesem Zusammenhang „ohne Abzüge“

5. Wenige Tage später sind die Rechnungen bezahlt. Ihnen liegt folgender Kontoauszug der Hausbank der Kampmann GmbH vor:

Bankhaus Neelsen & Partner

Bankhaus Neelsen und Partner - Rothenbaumchaussee 64 - 20148 Hamburg

Kampmann GmbH
Industriering 44-46
22297 Hamburg

Auszug	Seite	IBAN	Datum
008	1/3	DE44 2002 0021 0687 8442 09	11.04.20..

Buchung	Wert	Vorgang	Soll	Haben
01.04.	01.04.	Gutschrift Ostseehotel Grömitz		24.500,00
11.04.	11.04.	Lastschrift Tholen & Frey GmbH, Rechnungs-Nr. 947	−42.210,63	
11.04.	11.04.	Lastschrift Spedition Stadler KG, Rechnungs-Nr. 766	−345,10	
11.04.	02.04.	Lastschrift Stadt Hamburg: Wasser, Abwasser LS 004005115466	−84,00	
12.04.	02.04.	Lastschrift Hillmann OHG, Rechnungs-Nr. 20244	−644,00	

Buchen Sie die Zahlung der Lieferantenrechnung und die Zahlung der Speditionsrechnung auf Grundlage des vorliegenden Kontoauszugs nach dem Nettoverfahren. Nehmen Sie dabei den nachfolgenden Infotext zu Hilfe.

Grundbuch		
Buchungssatz	**Soll (€)**	**Haben (€)**

Infotext: Buchen der Zahlung

Fall 1: Keine Ausnutzung von Skonto

Der Kunde zahlt den vollständigen Rechnungsbetrag erst bei Erreichen des Zahlungsziels.

Beispiel: Buchung der Eingangsrechnung des Rohstofflieferanten nach 30 Tagen:

Grundbuch			
Buchungssatz	**Soll (€)**	**Haben (€)**	**Hinweise**
4400 Verbindlichkeiten a. LL	1.190,00		Durch Bezahlung des Rechnungsbetrags der Eingangsrechnung erlischt die Verbindlichkeit gegenüber dem Lieferanten.
an 2800 Bank		1.190,00	Der Kontostand der Bank vermindert sich in Höhe des überwiesenen Betrages.

Fall 2: Ausnutzung von Skonto

Der Kunde zahlt vorzeitig und nutzt den angebotenen Skonto. Buchhalterisch ist Skonto ein Preisnachlass, der auf einem speziellen Unterkonto des betreffenden Aufwandkontos gebucht wird: 6002 Nachlässe für Rohstoffe, 6012 Nachlässe für Vorprodukte/Fremdbauteile, 6022 Nachlässe für Hilfsstoffe, 6032 Nachlässe für Betriebsstoffe/Verbrauchswerkzeuge. Da sich durch den Nachlass rückwirkend der Rechnungsbetrag verringert, muss auch der Vorsteuerbetrag entsprechend berichtigt werden. Dabei sind zwei Verfahren möglich:

- **Nettoverfahren:** Nettowarenwert und Vorsteuer werden separat berichtigt (siehe Beispiel).
- **Bruttoverfahren:** Der Rechnungsbetrag (Summe aus Nettowarenwert und Vorsteuer) wird pauschal berichtigt. Dieses Verfahren ist bei EDV-gestützter Buchhaltung üblich.

Beispiel: Buchung der Bezahlung der Eingangsrechnung des Lieferanten und der Eingangsrechnung des Spediteurs nach 14 Tagen unter Abzug von 3 % Skonto nach dem Nettoverfahren:

Grundbuch			
Buchungssatz	**Soll (€)**	**Haben (€)**	**Hinweise**
4400 Verbindlichkeiten a. LL	1.190,00		Durch Bezahlung des Rechnungsbetrags der Eingangsrechnung erlischt die Verbindlichkeit gegenüber dem Lieferanten.
an 2800 Bank		1.154,30	Ermäßigter Rechnungsbetrag, der an den Lieferanten überwiesen wird.
an 6002 Nachlässe für Rohstoffe		30,00	Betrag, um den der Nettowarenwert auf dem Unterkonto des betreffenden Aufwandskontos berichtigt wird
an 2600 Vorsteuer		5,70	Betrag, um den die Vorsteuer auf den Nettowarenwert berichtigt wird.
4400 Verbindlichkeiten a. LL	59,50		Durch Bezahlung des Rechnungsbetrags der Spedition erlischt die Verbindlichkeit gegenüber dem Spediteur.
an 2800 Bank		59,50	Betrag, der an den Spediteur überwiesen wird.

Kompaktwissen

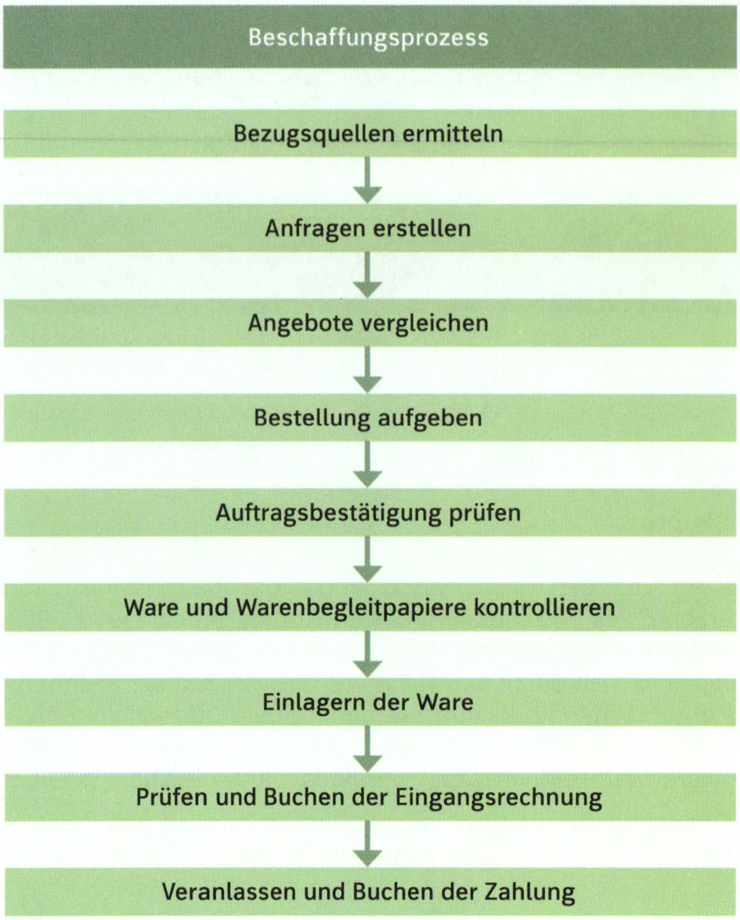

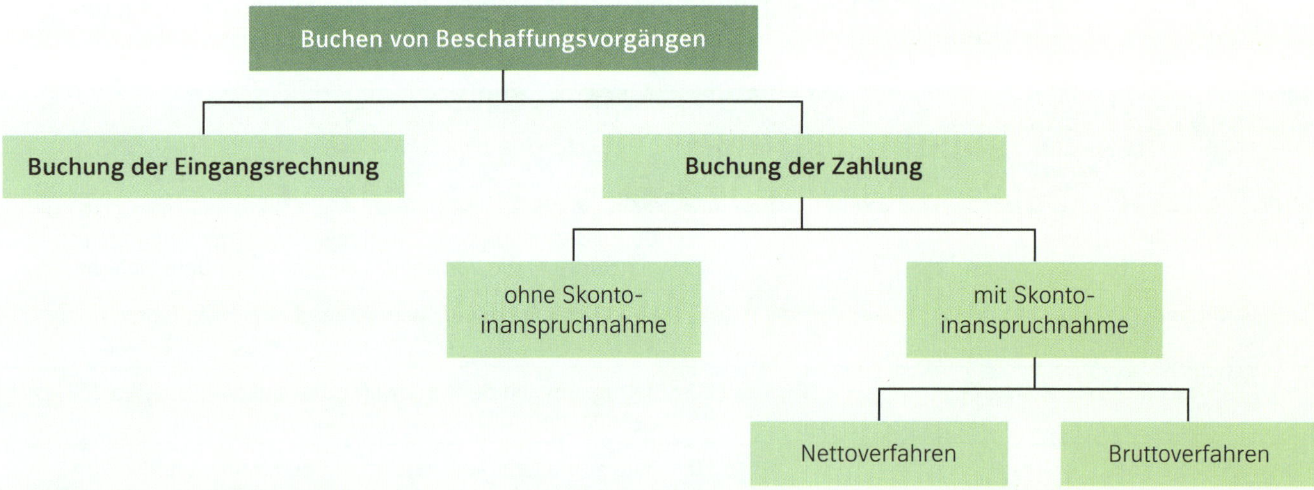

Formelsammlung zum Skontoabzug	
Skontosatz als Jahreszinssatz (grob)	$\frac{\text{Skontosatz} \cdot 360}{\text{Kreditzeitraum in Tagen}}$
Skontosatz als Jahreszinssatz (fein)	$\frac{\text{Skontosatz} \cdot 100 \cdot 360}{(100 - \text{Skontosatz}) \cdot \text{Kreditzeitraum in Tagen}}$
Kreditzinsen	$\frac{\text{Kreditbetrag} \cdot \text{Zinssatz} \cdot \text{Kreditzeitraum}}{100 \cdot 360}$
Finanzierungserfolg	Skontoertrag – Kreditzinsen

Vertiefungsaufgaben

1. Die Einkaufsabteilung der Leymann GmbH hat eine Anfrage zu 400 Beleuchtungselementen Modell „WEKO T 100" an drei Lieferanten versendet. Wenige Tage später liegen der Einkaufsabteilung nachfolgende Angebote vor. Führen Sie einen quantitativen Angebotsvergleich durch.

Angebot 1	**Angebot 2**	**Angebot 3**
Listeneinkaufspreis pro Stück: 56,00 € (netto), 20 % Rabatt, Transportkosten: 79,00 €, 3 % Skonto bei Zahlung innerhalb von 14 Tagen oder 30 Tage netto Kasse	Listeneinkaufspreis pro Stück: 54,99 € (netto), 15 % Rabatt, Transportkosten: 0,40 € pro Stück, 2 % Skonto bei Zahlung innerhalb von 14 Tagen oder 30 Tage netto Kasse	Listeneinkaufspreis pro Stück: 59,99 € (netto), 25 % Rabatt, Lieferung frei Haus, 2 % Skonto bei Zahlung innerhalb von 10 Tagen oder 30 Tage netto Kasse

2. Der quantitative Angebotsvergleich wird i. d. R. um einen qualitativen Angebotsvergleich (Lieferantenbewertung) ergänzt.

   a) Welche Kriterien zur Bewertung der Lieferanten sollten aus Ihrer Sicht herangezogen werden?

   b) Erläutern Sie, an welchen Stellen subjektive Größen in die Nutzwertanalyse zur Bewertung der Lieferanten einfließen.

   c) Wie sollte die Einkaufsabteilung vorgehen, wenn die Ergebnisse des quantitativen und des qualitativen Angebotsvergleichs nicht vereinbar sind?

3. Bearbeiten Sie nachfolgende Aufträge zum Thema „Lager":

   a) Stellen Sie sämtliche Lagerarten in Form einer übersichtlichen Mindmap dar.

   b) Führen Sie Vor- und Nachteile eines Zentrallagers gegenüber einem dezentralen Lager auf.

   c) Getreidegroßhändler Braun steht vor der Entscheidung, eine größere Menge Getreide in einem eigenen oder in einem fremden Lager einzulagern. Das wichtigste Entscheidungskriterium sind für ihn die Kosten. Das Eigenlager verursacht monatlich fixe Kosten (mengenunabhängige Kosten, z. B. Abschreibungen, Kreditzinsen) in Höhe von 20.000,00 € und variable Kosten (mengenabhängige Kosten, z. B. Hilfslöhne, in Vorräten gebundenes Kapital) in Höhe von 35,00 € pro t Getreide. Die Kosten der Fremdlagerung belaufen sich auf 75,00 € je t. Ermitteln Sie mathematisch und grafisch, bei welcher Menge die Kosten beider Alternativen gleich sind und erläutern Sie Ihr Ergebnis.

4. Der Buchhaltung der Maschinenfabrik Krauss OHG aus Stuttgart liegen nachfolgende Eingangsrechnungen vor. Buchen Sie diese Rechnungen nach der Aufwandsmethode, ermitteln Sie dann den jeweiligen Finanzierungserfolg bei Inanspruchnahme von Skonto (jeder Einkauf soll kreditfinanziert werden, der Zinssatz der Hausbank für kurzfristige Kredite beträgt 11 %). Buchen Sie anschließend die Zahlung der jeweils günstigeren Alternative (Skontobuchungen nach Nettoverfahren).

   a) Eingangsrechnung für Stahllieferung: Nettowarenwert 65.000,00 € (zzgl. 19 % USt.), Lieferung frei Haus, zahlbar in 30 Tagen, 2 % Skonto bei Zahlung innerhalb von 14 Tagen

   b) Eingangsrechnung für Lieferung von Silikonkleber: Nettowarenwert 7.900,00 € (zzgl. 19 % USt.), Lieferung frei Haus, zahlbar in 30 Tagen oder in 10 Tagen mit 3 % Skonto

   c) Eingangsrechnung für Lieferung von Steuerungsmodulen: Nettowarenwert 24.500,00 € (zzgl. 19 % USt.), Lieferung frei Haus, zahlbar in 30 Tagen, 3 % Skonto bei Zahlung innerhalb von 14 Tagen

   d) Eingangsrechnung für Blechlieferung: Nettowarenwert 34.500,00 € (zzgl. 19 % USt.), Lieferung frei Haus, zahlbar in 90 Tagen, 2 % Skonto bei Zahlung innerhalb von 10 Tagen

D Kaufvertrag

Praxisfall „Kampmann GmbH“

1 Erarbeiten kaufvertragsrechtlicher Grundlagen

ARBEITSAUFTRÄGE

Bearbeiten Sie die Arbeitsaufträge mithilfe des nachfolgenden Infotextes.

1. Sind Kaufverträge dem privaten oder dem öffentlichen Recht zuzuordnen? Begründen Sie Ihre Meinung.

____

____

2. Welche der folgenden Rechtsquellen liegen dem Kaufvertragsrecht zugrunde? Kreuzen Sie an (Mehrfachnennungen möglich):

	Grundgesetz (GG)		Urteile des Bundesarbeitsgerichts (BAG)
	Bürgerliches Gesetzbuch (BGB)		Urteile des Bundesfinanzhofs (BFH)
	Strafgesetzbuch (StGB)		Urteile des Bundesgerichtshofs (BGH)
	Einkommensteuergesetz (EStG)		Urteile des Bundessozialgerichts (BSG)
	Handelsgesetzbuch (HGB)		Handelsbräuche unter Kaufleuten

3. Kreuzen Sie an (Mehrfachnennungen möglich): Die Kampmann GmbH ist ein(e) ...

	natürliche Person		juristische Person		Verbraucher		Unternehmer

4. Die Kampmann GmbH kauft Räder bei der Tholen & Frey GmbH ein.

a) Tragen Sie in die Matrix ein, wer hinsichtlich Ware und Geld Schuldner und wer Gläubiger ist.

	Ware	**Geld**
Kampmann GmbH		
Tholen & Frey GmbH		

b) Hat die Kampmann GmbH nach Abschluss eines Kaufvertrags mit der Tholen & Frey GmbH ein gesetzliches Rückgaberecht? Begründen Sie Ihre Meinung.

____

____

c) Benennen Sie die vorliegende Vertragsart, die allgemeingültige Bezeichnung der Vertragspartner und die gesetzliche Grundlage zur Regelung der Rechte und Pflichten beider Vertragspartner.

____

____

____

d) Welche Pflichten haben die Tholen & Frey GmbH und die Kampmann GmbH gemäß § 433 BGB?

Tholen & Frey GmbH	Kampmann GmbH

e) Wer ist nach gesetzlicher Regelung zu folgenden Zeitpunkten Besitzer und wer Eigentümer?

Zeitpunkt	Besitzer	Eigentümer
1. vor Vertragsabschluss		
2. nach Vertragsabschluss, vor Lieferung		
3. nach Lieferung, vor Bezahlung		
4. nach Lieferung und nach Bezahlung		

f) Welche Art von Kaufvertrag liegt in diesem Fall vor? Begründen Sie Ihre Meinung.

____

5. Welche Art von Kaufmann ist

a) die Kampmann GmbH: ______________________

b) die Haller KG: ______________________

6. Ordnen Sie durch Ankreuzen zu, um welche Art von Geschäft es sich handelt:

	Verpflichtungsgeschäft	Erfüllungsgeschäft
a) Abschluss Kaufvertrag		
b) Übergabe der Ware		
c) Bezahlung der Ware		

7. § 433 BGB regelt die Pflichten des Verkäufers und des Käufers. Überlegen Sie mithilfe des Gesetzestextes, welche Störungen der späteren Erfüllung auf beiden Seiten auftreten könnten.

Erfüllungsstörungen durch den Verkäufer	Erfüllungsstörungen durch den Käufer

Infotext: Grundlagen des Kaufvertragsrechts

Einordnung

Für das Zusammenleben in einer Gesellschaft und für wirtschaftliches Handeln ist Rechtssicherheit eine notwendige Voraussetzung: So wie jedes Spiel seine Spielregeln hat, so braucht auch die Wirtschaft verlässliche Verhaltensregeln, auf die sich jedermann berufen kann. Diese Verhaltensregeln liefert das Rechtssystem in Deutschland über folgende Rechtsquellen:

- **Gesetzesrecht:** Verfassung, Gesetze und Verordnungen
- **Richterrecht:** laufende, höchstrichterliche Urteile der obersten Gerichte, wie z. B. des Bundesgerichtshofs (BGH) im Zivil- und Strafrecht, des Bundesarbeitsgerichts (BAG) im Arbeitsrecht oder des Bundesfinanzhofs (BFH) im Steuer- und Zollrecht
- **Gewohnheitsrecht:** Durch langjähriges Handeln entstandene und anerkannte Gewohnheiten, wie z. B. „Handelsbräuche" unter Kaufleuten

Dabei ist grundsätzlich zwischen Privatrecht und öffentlichem Recht zu unterscheiden: Das **Privatrecht (Zivilrecht)** regelt die Rechtsverhältnisse von Bürgern sowie privaten Unternehmen untereinander und folgt dem Grundsatz der Gleichberechtigung („Privatautonomie"): *Herr Müller kann einen Vertrag mit Herrn Meyer abschließen, beide sind vor dem Gesetz gleich.* **Öffentliches Recht** regelt die Rechtsverhältnisse zwischen Staat und Bürgern und sieht das Prinzip der Über- und Unterordnung vor: *Herr Müller muss Steuern an den Staat zahlen, er ist dem Staat untergeordnet.* Privatrecht und öffentliches Recht lassen sich wiederum in mehrere Rechtsgebiete unterteilen:

Privatrecht (Zivilrecht)	Öffentliches Recht
▪ bürgerliches Recht ▪ Handelsrecht ▪ Gesellschaftsrecht ▪ Teile des Arbeitsrechts ▪ (...)	▪ Verfassungsrecht ▪ Strafrecht ▪ Steuerrecht ▪ Teile des Arbeitsrechts ▪ (...)

Den rechtlichen Rahmen für kaufmännisches Handeln im Allgemeinen und den Abschluss von Kaufverträgen im Besonderen liefern das bürgerliche Recht und das Handelsrecht. Kaufvertragsrecht ist also Privatrecht.
Die wichtigste Rechtsquelle des bürgerlichen Rechts ist das **Bürgerliche Gesetzbuch (BGB)**, welches seit 1896 bis heute für alle Bürger und auch für alle Kaufleute gilt und regelmäßig überarbeitet wird. Außerdem werden die Paragrafen des BGB laufend durch höchstrichterliche Urteile (vor allem des Bundesgerichtshofs) ausgelegt. Für Kaufleute gilt ergänzend das **Handelsgesetzbuch (HGB)**. Dieses hat bei inhaltlicher Überschneidungen Vorrang vor dem BGB. Den nachfolgenden Ausführungen liegen das BGB und das HGB zugrunde.

Rechtssubjekte und Rechtsfähigkeit

Rechtssubjekte sind „rechtsfähige" Personen. Dabei versteht man unter „Rechtsfähigkeit" die Fähigkeit, Träger von Rechten und Pflichten zu sein. Man unterscheidet folgende Personengruppen:

- **Natürliche Personen:** Menschen; ihre Rechtsfähigkeit beginnt mit der Vollendung ihrer Geburt und endet mit dem Tod (§ 1 BGB).
- **Juristische Personen:** Personenvereinigungen mit gesetzlich anerkannter rechtlicher Selbstständigkeit (z. B. die Gesellschaft mit beschränkter Haftung [GmbH] oder die Aktiengesellschaft [AG], deren Rechtsfähigkeit mit der Eintragung in das Handelsregister[1] beginnt und mit der Registerlöschung endet)
- **Verbraucher:** Natürliche Personen, welche ein Rechtsgeschäft ausschließlich für private Zwecke abschließen (§ 13 BGB).
- **Unternehmer:** Natürliche oder juristische Personen, die Rechtsgeschäfte für ihre gewerbliche berufliche Tätigkeit ausüben (§ 14 BGB).

1 Handelsregister: Öffentlich einsehbares Verzeichnis beim Amtsgericht, in dem alle Kaufleute der Region erfasst sind.

Geschäftsfähigkeit

Geschäftsfähigkeit ist die Fähigkeit, selbstständig rechtswirksame Willenserklärungen abzugeben und damit wirksame Rechtsgeschäfte (z. B. den Abschluss von Kaufverträgen) abschließen zu können. Juristische Personen sind voll geschäftsfähig. Für natürliche Personen wird die Geschäftsfähigkeit folgendermaßen abgestuft:

- **Volle Geschäftsfähigkeit:** Grundsätzlich sind natürliche Personen mit Vollendung des 18. Lebensjahres voll geschäftsfähig.
- **Beschränkte Geschäftsfähigkeit:** Personen vom vollendeten 7. bis zum vollendeten 18. Lebensjahr sind beschränkt geschäftsfähig. Ihre Willenserklärungen führen zu „schwebend unwirksamen" Rechtsgeschäften, die der Zustimmung durch den gesetzlichen Vertreter bedürfen. Die Zustimmung kann vor („Einwilligung") oder nach („Genehmigung") dem Rechtsgeschäft erfolgen. In folgenden Ausnahmefällen ist diese Zustimmung nicht erforderlich:
  - **Rechtlicher Vorteil (§ 107 BGB):** Der Minderjährige erlangt durch seine Willenserklärung nur einen rechtlichen Vorteil, d. h., das Rechtsgeschäft zieht keine Verpflichtung nach sich.
  - **Eigene Mittel (§ 110 BGB):** Der Minderjährige schließt einen Vertrag mit Mitteln, die ihm zu diesem Zweck oder zur freien Verfügung vom gesetzlichen Vertreter oder mit dessen Zustimmung von einem Dritten überlassen worden sind („Taschengeldparagraf").
  - **Dienst- oder Arbeitsverhältnis (§ 113 BGB):** Geht der Minderjährige mit Erlaubnis des gesetzlichen Vertreters ein Dienst- oder Arbeitsverhältnis (z. B. Arbeitsvertrag) ein, so ist er im Rahmen dieses Dienst- oder Arbeitsverhältnisses voll geschäftsfähig.
  - **Selbstständiger Betrieb eines Erwerbsgeschäfts (§ 112 BGB):** Betreibt der Minderjährige mit Erlaubnis des gesetzlichen Vertreters und des Familiengerichts selbstständig ein Erwerbsgeschäft, so ist er im Rahmen dieses Geschäftsbetriebs voll geschäftsfähig.
- **Geschäftsunfähigkeit:** Minderjährige, die das 7. Lebensjahr noch nicht vollendet haben, sowie Personen mit dauerhafter krankhafter Störung ihrer Geistestätigkeit sind geschäftsunfähig. Sie können keine wirksamen Rechtsgeschäfte abschließen.

Vertrag und Vertragsarten

Ein Vertrag ist eine freiwillige Selbstverpflichtung von zwei oder mehreren Personen, etwas zu tun oder zu unterlassen. Mit einem Vertrag gehen die Vertragsparteien eine schuldrechtliche Beziehung untereinander ein: Der „Schuldner" verpflichtet sich, dem „Gläubiger" gegenüber eine bestimmte Leistung zu erbringen. Dabei nehmen beide Vertragsparteien stets beide Rollen zugleich ein.

Beispiel: Der Mieter schuldet dem Vermieter die Miete, der Vermieter schuldet dem Mieter die Mietsache. Beide Vertragsparteien sind also Schuldner und Gläubiger in einer Person.

Jeder Vertrag kommt durch mindestens zwei empfangsbedürftige und übereinstimmende Willenserklärungen („Antrag" und „Annahme") beider Vertragsparteien zustande, mit denen sich beide Vertragsparteien rechtlich binden (ausführlich behandelt in Abschnitt 2, Seite 62 ff.).

Ein verbreiteter Irrglaube lautet, dass es einen grundsätzlichen Rechtsanspruch auf Widerruf von Verträgen innerhalb einer bestimmten Frist gebe. Doch das stimmt so nicht: Ein abgeschlossener Vertrag ist aus juristischer Sicht ein hohes, schützenswertes Gut und von beiden Parteien unbedingt einzuhalten. Diese Ansicht bringt ein Jahrtausende alter Grundsatz aus dem römischen Recht zum Ausdruck: *„Pacta sunt servanda" („Verträge sind einzuhalten").*

Von dieser Regel gibt es jedoch einige Ausnahmen, die das BGB zum Schutz von Verbrauchern vorsieht. Eine dieser Ausnahmen stellen „Fernabsatzverträge" dar: Dabei handelt es sich um Kauf- oder Dienstleistungsverträge zwischen Unternehmen (vor allem Versandhändlern) und Verbrauchern, bei denen die Vertragsverhandlungen und der Vertragsabschluss ausschließlich mithilfe von Fernkommunikationsmitteln (Telefonanrufe, Internet, E-Mails, SMS, Fax, Kataloge, Teleshopping usw.) abgeschlossen werden. Hier wird dem Verbraucher ein Widerrufsrecht innerhalb von 14 Tagen nach Abschluss des Vertrages eingeräumt (§ 355 (2) BGB).

Dabei unterscheidet das BGB zahlreiche Vertragsarten wie zum Beispiel den Kaufvertrag für die entgeltliche Veräußerung von Sachen und Rechten (§§ 433 bis 473), den Darlehensvertrag für die entgeltliche Überlassung eines Geldbetrags (§§ 488 bis 498), den Mietvertrag für die entgeltliche Überlassung der vermieteten Sache zum Gebrauch (§§ 535 bis 580), den Dienstvertrag für die entgeltliche Leistung von Diensten (§§ 611 bis 630) oder den Werkvertrag für die Herstellung eines versprochenen Werkes gegen Entgelt (§§ 631 bis 651).

Vertragsfreiheit

In Deutschland gilt das Prinzip der Vertragsfreiheit. Dabei sind drei Ebenen zu unterscheiden:

- **Abschlussfreiheit:** Jedermann darf sich grundsätzlich seinen Vertragspartner aussuchen und frei entscheiden, ob er einen Vertrag abschließt oder nicht.
- **Formfreiheit:** Verträge dürfen grundsätzlich in jeder beliebigen Form abgeschlossen werden (mündlich, schriftlich, per Mausklick usw.). Nur in wenigen Fällen ist eine bestimmte Form gesetzlich vorgeschrieben (z. B. die notarielle Beurkundung beim Grundstückskauf).
- **Inhaltsfreiheit:** Die Vertragsinhalte sind frei wählbar und dürfen vom Gesetz abweichen, denn Privatrecht ist i. d. R. „nachgiebiges Recht“ („dispositives Recht“). Das Gegenteil ist „zwingendes Recht“, von dem in keinem Fall abgewichen werden darf und welches typisch für öffentliches Recht ist. Im Kaufvertragsrecht findet sich zwingendes Recht nur in Ausnahmefällen (vor allem zum Schutz von Verbrauchern, §§ 474–479 BGB).

Kaufvertrag

In § 433 BGB werden die Pflichten des Verkäufers und des Käufers konkret beschrieben:

§ 433 Vertragstypische Pflichten beim Kaufvertrag

(1) Durch den Kaufvertrag wird der Verkäufer einer Sache verpflichtet, dem Käufer die Sache zu übergeben und das Eigentum an der Sache zu verschaffen. Der Verkäufer hat dem Käufer die Sache frei von Sach- und Rechtsmängeln zu verschaffen.

(2) Der Käufer ist verpflichtet, dem Käufer den vereinbarten Kaufpreis zu zahlen und die gekaufte Sache abzunehmen.

§

Da der Verkäufer dem Käufer die Sache nicht nur übergeben, sondern auch das Eigentum daran übertragen muss, sind die Begriffe „Eigentum“ und „Besitz“ präzise voneinander abzugrenzen:

- **Besitz (§ 854 BGB)** ist die tatsächliche Herrschaft über die Sache: Besitzer ist der, der die Sache in seiner Gewalt hat – auch dann, wenn sie ihm nicht gehört.
- **Eigentum (§ 903 BGB)** ist die rechtliche Herrschaft über die Sache: Eigentümer ist der, dem die Sache gehört. Er kann mit der Sache grundsätzlich machen, was er will, und andere von jeder Einwirkung ausschließen. Die tatsächliche Herrschaft ist dazu nicht erforderlich.

Durch die Übergabe der Sache vom Verkäufer an den Käufer wird dieser also zum Besitzer. Anders liegt es jedoch bei der Übertragung des Eigentums gemäß § 929 BGB:

§ 929 Einigung und Übergabe

Zur Übertragung des Eigentums an einer beweglichen Sache ist erforderlich, dass der Eigentümer die Sache dem Erwerber übergibt und beide darüber einig sind, dass das Eigentum übergehen soll. Ist der Erwerber im Besitz der Sache, so genügt die Einigung über den Übergang des Eigentums.

§

Das Eigentum beweglicher Sachen („Mobilien“) wird also durch Einigung (= Kaufvertrag) und Übergabe übertragen. Im Fall unbeweglicher Sachen („Immobilien“) muss der Kaufvertrag („Auflassung“) notariell beurkundet werden, die Übergabe wird hier durch die Eintragung der Eigentumsübertragung in das Grundbuch ersetzt.

Kaufvertragsarten und Kaufmannseigenschaft

Abhängig davon, ob die Vertragsparteien Kaufleute oder Verbraucher sind, lassen sich grundsätzlich vier Kaufvertragsarten unterscheiden:[1]

Käufer: / Verkäufer:	Kaufmann	Verbraucher
Kaufmann	Zweiseitiger Handelskauf	Verbrauchsgüterkauf
Verbraucher	Einseitiger Handelskauf (selten)	Bürgerlicher Kauf

Das Handelsgesetzbuch (HGB) regelt, wer Kaufmann ist:

- **Istkaufmann (§ 1 HGB)** ist jeder Betreiber eines Handelsgewerbes (z. B. e. K., OHG, KG). Ein Handelsgewerbe ist ein Gewerbebetrieb, der nach Art und Umfang einen in kaufmännischer Weise eingerichteten Geschäftsbetrieb erfordert (kaufmännische Organisation, Mindestanzahl von Beschäftigten, Mindestumsatz usw.). Nicht dazu gehören Kleingewerbetreibende, Land- und Forstwirte sowie freie Berufe (z. B. Ärzte, Architekten, Steuerberater). Istkaufleute müssen sich in das Handelsregister eintragen lassen, sie gelten aber auch schon vorher als Kaufleute. Ihre Eintragung hat nur eine erklärende Bedeutung („deklaratorische Wirkung“[2]).
- **Kannkaufmann (§§ 2 und 3 HGB)** ist jeder Kleingewerbetreibende und darüber hinaus auch jeder Land- und Forstwirt, dessen Betrieb nach Art und Umfang einen in kaufmännischer Weise eingerichteten Geschäftsbetrieb erfordert. Beide können sich freiwillig in das Handelsregister eintragen lassen. Erst durch die Eintragung werden sie zu Kaufleuten ihrer gewählten Rechtsform („konstitutive Wirkung“[3]). Sie können ihre Eintragung auch wieder löschen lassen.
- **Formkaufmann (§ 6 HGB)** ist jede Kapitalgesellschaft (z. B. die GmbH oder die AG) sowie jede eingetragene Genossenschaft. Sie alle sind Kaufleute kraft Rechtsform (unabhängig von Art und Umfang ihres Geschäftsbetriebs) und werden erst durch die Eintragung in das Handelsregister zu Kaufleuten der gewählten Rechtsform („konstitutive Wirkung“).

Sofern es sich bei dem Kaufmann um ein Unternehmen mit mehreren Beschäftigten handelt, kann es seine Mitarbeiter mit Vollmachten (z. B. Prokura) zum Abschluss von Verträgen im Namen des Kaufmanns ermächtigen.

Verpflichtungsgeschäft und Erfüllungsgeschäfte

Der Kaufvertrag ist ein **„Verpflichtungsgeschäft“**, da er beide Vertragsparteien zu Leistungen verpflichtet (§ 433 BGB). Frei nach der Devise *„Was man verspricht, muss man auch halten“* gilt auch hier: Wer eine vertragliche Verpflichtung eingeht, muss diese auch erfüllen. Die Erfüllung der im Kaufvertrag geschuldeten Leistungen beider Vertragsparteien betrachten Juristen als eigenständige Rechtsgeschäfte, welche sie als **„Erfüllungsgeschäfte“** bezeichnen. Juristisch betrachtet setzt sich daher jeder Kauf aus drei Rechtsgeschäften zusammen:

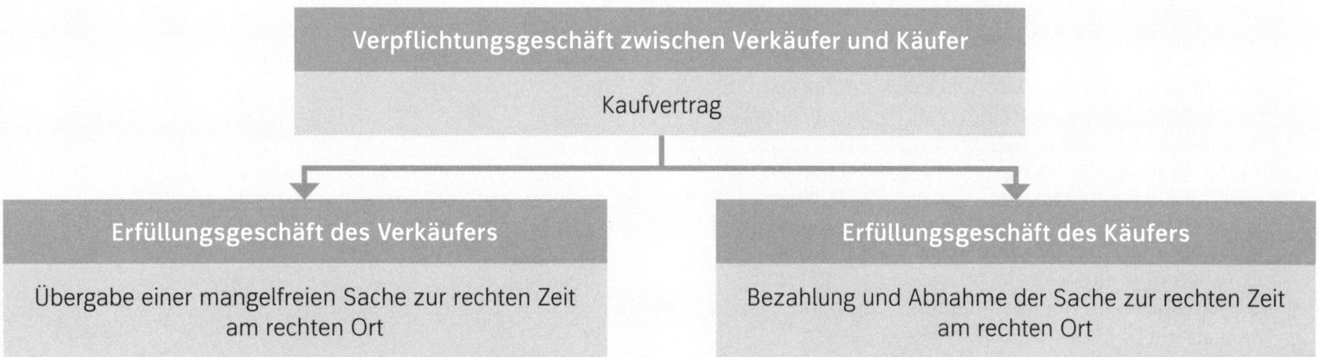

Für den Fall, dass der Schuldner seine Pflicht aus dem Kaufvertrag nicht oder nicht hinreichend erfüllt, spricht man von einer **„Erfüllungsstörung“**. Diese wird in Kapitel E (Seite 88ff.) behandelt.

1 Kaufverträge können ebenso hinsichtlich ihrer Inhalte in Kaufvertragsarten eingeteilt werden (siehe Kapitel D 4).
2 deklaratorisch bedeutet hier: rechtsbezeugend, rechtserklärend
3 konstitutiv bedeutet hier: rechtserzeugend, rechtsbegründend

2 Prüfen des Zustandekommens von Kaufverträgen

Herr Scheerer ist Sachbearbeiter in der Einkaufsabteilung der Kampmann GmbH. Sofern nichts anderes angegeben ist, handelt er im Namen der Kampmann GmbH.

ARBEITSAUFTRAG

Kreuzen Sie mithilfe des nachfolgenden Infotextes an, wer in den vorliegenden Fällen einen Antrag stellt, wer einen Antrag annimmt und ob jeweils ein Kaufvertrag zustande kommt.

Fall	Antrag		Annahme		Kaufvertrag	
	Verkäufer	Käufer	Verkäufer	Käufer	Ja	Nein
1. Fall aus Kapitel C: Einkäufer Scheerer kauft für die Kampmann GmbH Räder für Sonnenliegen bei der Tholen & Frey GmbH.						
2. Der Maschinenhersteller Zoll KG aus Ulm bietet der Kampmann GmbH telefonisch eine neue CNC-Fräsmaschine zu einem Preis von 350.000,00 € an. Scheerer ist begeistert von der Maschine und nimmt noch im selben Telefonat das Angebot an.						
3. Der Lieferant Braun OHG sendet der Kampmann GmbH ein verbindliches Angebot über 50 Sägeblätter. Scheerer korrigiert geringfügig die Lieferkonditionen und bestellt am selben Tag.						
4. Der langjährige Stammlieferant der Kampmann GmbH, die Tönjes KG, liefert der Kampmann GmbH 40 Kartons Stahlnägel, diese antwortet jedoch nicht.						
5. Scheerer sendet der May OHG eine Anfrage zu Laserdruckern, die May OHG antwortet noch am selben Tag mit einem verbindlichen Angebot.						
6. Scheerer findet auf der Website eines Internethändlers Sonderangebote und bestellt per Mausklick 200 Liter Klarlack. Wenige Minuten später erhält er online die Auftragsbestätigung.						
7. Scheerer liegt ein an die Kampmann GmbH adressierter Werbebrief (Massendrucksache mit Preisliste) eines Großhändlers aus Köln vor, in dem preiswerte Tonerkartuschen angeboten werden. Er bestellt noch am selben Tag 10 Stück.						
8. Die Ott KG aus Stuttgart sendet der Kampmann GmbH postalisch ein verbindliches Angebot (ohne Angabe zur Dauer der Gültigkeit). Erst nach sechs Tagen geht der Ott KG die zugehörige Bestellung der Kampmann GmbH zu.						
9. Nach der Arbeit fährt Scheerer zum Supermarkt. Dort nimmt er drei Liter Milch aus dem Regal und legt sie später an der Kasse auf das Laufband. Die Kassiererin tippt den Betrag in ihre Kasse ein.						
10. Zu Hause angekommen findet Scheerer vor seiner Haustür einen verschweißten Karton mit einer Buchsendung, die an ihn privat adressiert ist. Er hat das Buch zwar nicht bestellt, doch er öffnet neugierig die Sendung und liest sodann das Buch mit großem Vergnügen.						

Infotext: Zustandekommen des Kaufvertrags

Grundlagen

Aus juristischer Perspektive kommt ein Kaufvertrag durch zwei übereinstimmende Willenserklärungen zustande: den „Antrag“ und die „Annahme“. Diese sind rechtlich bindend und können sowohl vom Verkäufer als auch vom Käufer abgegeben werden:

Antrag		Annahme
Verkäufer: verbindliches Angebot	+	**Käufer:** Bestellung
Verkäufer: Zusendung von Ware	+	**Käufer:** Bezahlung der Ware
Käufer: Bestellung	+	**Verkäufer:** Auftragsbestätigung
Käufer: Bestellung	+	**Verkäufer:** Zusendung der Ware

Da im deutschen Zivilrecht das Prinzip der „Formfreiheit“ gilt, kann eine Willenserklärung beim Kauf beweglicher Sachen grundsätzlich mündlich, schriftlich, durch Mausklick oder durch „konkludentes Handeln“ (= schlüssiges Handeln) erfolgen. Konkludentes Handeln bedeutet in diesem Zusammenhang, dass eine Willenserklärung aus der Handlung einer Person abgeleitet werden kann (z. B. ein Handschlag als Antwort auf ein Angebot). Antrag und Annahme sind empfangsbedürftige Willenserklärungen, sie müssen also dem Vertragspartner zugehen, um wirksam zu werden. Die Willenserklärung wird wirksam, sobald sie der anderen Seite zugegangen ist. Unter Abwesenden gilt § 130 BGB:

§ 130 Wirksamwerden der Willenserklärung gegenüber Abwesenden

(1) Eine Willenserklärung, die einem anderen gegenüber abzugeben ist, wird, wenn sie in dessen Abwesenheit abgegeben wird, in dem Zeitpunkt wirksam, in welchem sie ihm zugeht. Sie wird nicht wirksam, wenn dem anderen vorher oder gleichzeitig ein Widerruf zugeht. [...]

Die Willenserklärung ist einer abwesenden Person dann zugegangen, wenn sie in ihren Verfügungsbereich (Briefkasten, Postfach, E-Mail-Postfach, Anrufbeantworter usw.) gelangt ist.

Der Antrag

§ 145 Bindung an den Antrag

Wer einem anderen die Schließung eines Vertrags anträgt, ist an den Antrag gebunden, es sei denn, dass er die Gebundenheit ausgeschlossen hat.

Für einen juristisch verbindlichen Antrag muss der Wille, sich rechtlich zu binden, eindeutig erkennbar sein, deshalb ist die Formulierung „einem anderen“ wörtlich zu nehmen: Ein Antrag muss stets an eine bestimmte Person gerichtet sein. Angebote gegenüber der Allgemeinheit (Internetangebote, Schaufensterauslagen, Artikel in Supermarktregalen, persönlich adressierte Massendrucksachen usw.) sind im juristischen Sinne kein Antrag, sondern lediglich eine Anpreisung, also eine Einladung an die Allgemeinheit, einen verbindlichen Antrag abzugeben (*„invitatio ad offerendum“*). Ein Verkäufer kann mit sogenannten „Freizeichnungsklauseln“ die Gebundenheit an sein Angebot auch ausschließen (z. B. mit der Klausel „freibleibend“, „unverbindlich“, „ohne Obligo“, „Lieferung vorbehalten“) oder einschränken (z. B. mit der Klausel „Preise freibleibend“). Ein abgegebener Antrag ist jedoch nicht beliebig lange gültig:

§ 146 Erlöschen des Antrags

Der Antrag erlischt, wenn er dem Antragenden gegenüber abgelehnt oder wenn er nicht diesem gegenüber nach den §§ 147 bis 149 rechtzeitig angenommen wird.

Die Annahme

Die Annahme eines Antrags wird in den §§ 147 bis 150 BGB geregelt:[1]

> **§ 147 Annahmefrist**
>
> (1) Der einem Anwesenden gemachte Antrag kann nur sofort angenommen werden. Dies gilt auch von einem mittels Fernsprechers oder einer sonstigen technischen Einrichtung von Person zu Person gemachten Antrag.
>
> (2) Der einem Abwesenden gemachte Antrag kann nur bis zu dem Zeitpunkt angenommen werden, in welchem der Antragende den Eingang der Antwort unter regelmäßigen Umständen erwarten darf.

Unter „regelmäßigen Umständen" bedeutet: normale Dauer der Übermittlung des Antrags an den Empfänger, dessen Zeitbedarf zum Bearbeiten des Antrags und schließlich der Übermittlung der Rückantwort an den Antragsteller. Bei Kaufverträgen beträgt die Frist auf dem traditionellen Postweg etwa eine Woche, bei Fax und E-Mail 24 Stunden.

> **§ 148 Bestimmung einer Annahmefrist**
>
> Hat der Antragende für die Annahme des Antrags eine Frist bestimmt, so kann die Annahme nur innerhalb der Frist erfolgen.

Der Antragsteller kann also von der in § 147 BGB angegebenen gewöhnlichen Dauer und die Frist in seinem Antrag abweichend festlegen.

> **§ 150 Verspätete und abändernde Annahme**
>
> (1) Die verspätete Annahme eines Antrags gilt als neuer Antrag.
>
> (2) Eine Annahme unter Erweiterungen, Einschränkungen oder sonstigen Änderungen gilt als Ablehnung verbunden mit einem neuen Antrag.

Sonderfälle

- **Schweigen unter Kaufleuten in ständiger Geschäftsverbindung:** Unter Kaufleuten, die in ständiger Geschäftsverbindung stehen, gilt Schweigen grundsätzlich als Annahme eines Antrags. Dabei handelt es sich um einen „Handelsbrauch" (Sitte bzw. Gewohnheit), der sich unter Kaufleuten über einen langen Zeitraum entwickelt hat. Handelsbräuche sind gemäß § 346 HGB zu berücksichtigen. Will der Kaufmann den Antrag nicht annehmen, muss er also fristgerecht widersprechen.
- **Lieferung unbestellter Ware** ist ein Antrag des Verkäufers. Der Empfänger der Ware kann diesen Antrag durch Erklärung, Bezahlung oder, falls er ein Kaufmann ist, auch durch Ingebrauchnahme der Ware annehmen und damit einen Kaufvertrag abschließen. Will der Empfänger den Antrag nicht annehmen, so gilt:
  - **Kaufleute**, die mit dem Absender in ständiger Geschäftsbeziehung stehen, müssen diesen Antrag unverzüglich ablehnen. Besteht keine ständige Geschäftsverbindung, bedeutet Schweigen die Ablehnung des Antrags. In beiden Fällen muss der Empfänger die erhaltene Ware sachgerecht lagern.
  - **Verbraucher** werden im Fall unbestellter Waren durch § 241a BGB besonders geschützt. Sie dürfen die Ware sogar in Gebrauch nehmen oder entsorgen, ohne damit eine vertragliche Bindung einzugehen. Nur wenn der Verbraucher ausdrücklich die Annahme erklärt oder die Ware bezahlt, willigt er in den Vertrag ein.

1 § 149 BGB wird hier nicht behandelt.

3 Vereinbaren der Inhalte des Kaufvertrags

Nun sollen die Inhalte des Kaufvertrags zwischen der Kampmann GmbH und der Tholen & Frey GmbH (siehe Kapitel C) aus juristischer Perspektive betrachtet werden.

ARBEITSAUFTRAG

Tragen Sie mithilfe des nachfolgenden Infotextes zu jedem der unten aufgeführten Kaufvertragsinhalte ein, was hier gilt, und kreuzen Sie an, ob eine vertragliche Vereinbarung vorliegt und/oder die gesetzliche Regelung gilt. Geben Sie im Fall einer gesetzlichen Regelung den Paragrafen mit an.

Inhalte des Kaufvertrags aus Kapitel C					
Nr.	**Kaufvertrags-inhalt**	**Es gilt:**	**Bitte ankreuzen:**		**Paragraf (falls Gesetz)**
			vertraglich vereinbart	**gesetzliche Regelung**	
1	Art, Beschaffenheit und Güte der Ware				
2	Menge der Ware				
3	Preis und Preisnachlässe				
4	Erfüllungsort				
5	Verpackungskosten				

Fortsetzung: Inhalte des Kaufvertrags aus Kapitel C					
Nr.	**Kaufvertrags-inhalt**	**Es gilt:**	**Bitte ankreuzen:**		**Paragraf (falls Gesetz)**
			vertraglich vereinbart	**gesetzliche Regelung**	
6	Beförderungskosten				
7	Lieferfrist				
8	Gefahrübergang				
9	Eigentumsübergang				
10	Zahlungsfrist und Skonto				
11	Gerichtsstand				

Infotext: Inhalt des Kaufvertrags

Übersicht: Kaufvertragsinhalte	
(1) Art, Beschaffenheit und Güte der Ware	(7) Lieferfrist
(2) Menge der Ware	(8) Gefahrübergang
(3) Preis und Preisnachlässe	(9) Eigentumsübergang
(4) Erfüllungsort	(10) Zahlungsfrist und Skonto
(5) Verpackungskosten	(11) Gerichtsstand
(6) Beförderungskosten	

Käufer und Verkäufer können in einem Kaufvertrag grundsätzlich vereinbaren, was sie wollen, und damit von den gesetzlichen Vorgaben abweichen (Prinzip der Vertragsfreiheit, siehe oben), sofern sie dabei nicht gegen zwingendes Recht verstoßen. Kaufleute nutzen diese Freiheit gewöhnlich aus, indem sie in ihren Vertragstexten auf Klauseln zurückgreifen, die unter Kaufleuten üblich sind. Dabei handelt es sich um kurze Redewendungen, die wichtige Vereinbarungen zusammenfassen. So bedeutet beispielsweise die Klausel *„frei Haus"*, dass der Verkäufer die Transportkosten der Ware bis zum Käufer übernimmt.

Merke: Immer dann, wenn in einem Kaufvertrag zu einem der oben genannten Inhalte nichts vereinbart wird, greift die gesetzliche Regelung (BGB oder HGB).

Im Folgenden werden für alle oben aufgeführten Kaufvertragsinhalte übliche vertragliche Vereinbarungen und die jeweilige gesetzliche Regelung gegenübergestellt. Sofern nichts anderes angegeben ist, handelt es sich bei allen Gesetzesauszügen um Paragrafen aus dem BGB.

(1) ART, BESCHAFFENHEIT UND GÜTE DER WARE

Vertragliche Vereinbarungen

Die **Art** der Ware wird durch die handelsübliche Bezeichnung der Ware bestimmt *(z. B. „Laserdrucker")*. Die **Beschaffenheit** und **Güte** der Ware lässt sich bestimmen durch:

- **Marken:** geschütztes Markenzeichen, Markensymbol oder geschützter Markenname (z. B. *„Coca Cola", „BMW", „Apple"*)
- **Gütezeichen:** Geschützte Zeichen für eine bestimmte Qualität gleichartiger Produktarten; das können Qualitätsmerkmale (z. B. *„reine Schurwolle"*) wie auch Umwelteigenschaften (z. B. *„Blauer Engel", „Pro Planet"*) sein.
- **Güteklassen:** Einteilung von Gütern der Landwirtschaft und Fischerei nach Beschaffenheit und Güte (z. B. für Obst und Gemüse *„Extra"* für höchste Qualität, *„I"* für gute Qualität, *„II"* für mittlere Qualität usw.); Güteklassen sind als EU-Norm rechtsverbindlich und lösen die auf Deutschland beschränkten Handelsklassen zunehmend ab.
- **Typen:** bestimmte Produktmerkmale und -eigenschaften (*z. B. „Type 405"* bei Mehl)
- **Standards:** festgelegte Durchschnittsqualitäten bestimmter Produktarten (z. B. von Metallen oder von landwirtschaftlichen Produkten)
- **Normen:** allgemein festgelegte Produktmerkmale durch das Institut für Normung (Beispielklausel: *„Schraube XY gemäß DIN 596"*)
- **Muster/Proben:** Die Ware entspricht einer früheren Lieferung (Beispielklausel: *„wie gehabt")*, einer Warenprobe oder einem zuvor zugesandten Muster (Beispielklausel: *„gemäß Muster"*).
- **Modelle, Abbildungen und Beschreibungen:** Die Warenmerkmale werden anhand dreidimensionaler Modelle, grafischer Darstellungen oder verbaler Beschreibungen festgelegt.

Gesetzliche Regelung (BGB)

> **§ 243 Gattungsschuld**
>
> (1) Wer eine nur der Gattung nach bestimmte Sache schuldet, hat eine Sache von mittlerer Art und Güte zu leisten.
>
> [...]

„Gattungswaren" sind Waren, die mehrfach vorhanden („vertretbar") sind, z. B. Neuwagen. Der Kauf von Gattungswaren wird als **„Gattungskauf"** bezeichnet. Ist die Kaufsache hingegen nur einmal vorhanden, spricht man vom **„Stückkauf"** (Originalgemälde, Gebrauchtwagen usw.). Für den Stückkauf gibt es keine gesetzliche Regelung zur Beschaffenheit und Güte.

(2) MENGE DER WARE

Die Menge der Ware wird gemessen in gesetzlichen Maßeinheiten (kg, t, l usw.) oder in handelsüblichen Bezeichnungen (Stück, Dutzend, Zentner usw.). Die Menge ist in jedem Kaufvertrag zu vereinbaren, dazu gibt es keine gesetzliche Regelung.

(3) PREIS UND PREISNACHLÄSSE

Vertragliche Vereinbarungen

Unter Kaufleuten werden Preise in aller Regel ohne Umsatzsteuer angegeben, oftmals aber mit der Klausel „zuzüglich Umsatzsteuer". Folgende Vereinbarungen sind üblich:

- **Rabatt:** Preisnachlass, der aus unterschiedlichen Gründen gewährt wird: Mengenrabatt (bei Abnahme großer Mengen), Wiederverkäuferrabatt (für Groß- und Einzelhändler), Treuerabatt (für langjährige Kunden), Personalrabatt (für Mitarbeiter/-innen) usw.
- **Bonus:** nachträglich gewährter Preisnachlass bei Erreichen eines vereinbarten Mindestabsatzes oder Mindestumsatzes innerhalb einer Periode (i. d. R. Jahr)
- **Skonto:** Preisnachlass bei vorzeitiger Zahlung: Siehe Absatz (10) Zahlungsfrist und Skonto.

Gesetzliche Regelung

Grundsätzlich gibt es keine gesetzlichen Regelungen zur Preisgestaltung. Das Rabattgesetz, das eine maximale Höhe für Rabatte und Skonti vorsah, wurde 2001 aufgehoben. Grenzen der Preisgestaltung ergeben sich nur noch indirekt aus dem Gesetz gegen unlauteren Wettbewerb (UWG, z. B. geplantes Schädigen der Wettbewerber durch ruinöse Niedrigpreise[1]) und aus § 138 BGB (Verstoß gegen gute Sitten, z. B. „Wucher").

(4) ERFÜLLUNGSORT

Der Erfüllungsort (Leistungsort) ist der Ort, an dem der Schuldner seine Leistung zu erbringen und damit den Vertrag zu erfüllen hat. Beim Kaufvertrag gibt es daher stets zwei Arten von Schuldnern:

- **Warenschuldner** ist der Verkäufer: Er schuldet dem Käufer (Warengläubiger) die Ware.
- **Geldschuldner** ist der Käufer: Er schuldet dem Verkäufer (Geldgläubiger) das Geld.

Vertragliche Vereinbarungen

Die Vertragsparteien dürfen untereinander den Erfüllungsort grundsätzlich frei vereinbaren („vertraglicher Erfüllungsort"). Beispielklausel: *„Erfüllungsort für Lieferung und Zahlung ist Aachen."*

1 Verkaufspreis unter Einkaufspreis

Gesetzliche Regelung (BGB)

§ 269 Leistungsort

(1) Ist ein Ort für die Leistung weder bestimmt noch aus den Umständen, insbesondere aus der Natur des Schuldverhältnisses, zu entnehmen, so hat die Leistung an dem Ort zu erfolgen, an welchem der Schuldner zur Zeit der Entstehung des Schuldverhältnisses seinen Wohnsitz hatte.

(2) Ist die Verbindlichkeit im Gewerbebetrieb des Schuldners entstanden, so tritt, wenn der Schuldner seine gewerbliche Niederlassung an einem anderen Ort hatte, der Ort der Niederlassung an die Stelle des Wohnsitzes.

(3) Aus dem Umstand allein, dass der Schuldner die Kosten der Versendung übernommen hat, ist nicht zu entnehmen, dass der Ort, nach welchem die Versendung zu erfolgen hat, der Leistungsort sein soll.

Man unterscheidet also drei Arten von Erfüllungsorten:

- **vertraglicher Erfüllungsort:** vertraglich frei vereinbarter Ort
- **gesetzlicher Erfüllungsort:** Wohn- bzw. Geschäftssitz des Schuldners
- **natürlicher Erfüllungsort:** Ort, der sich aus der Natur der Kaufsache ergibt (z. B. Lieferung von Heizöl oder Flüssigbeton ist naturgemäß der Wohn- bzw. Geschäftssitz des Käufers)

Für den Geldschuldner gilt allerdings eine Besonderheit: Er muss das Geld auf seine Gefahr und seine Kosten dem Gläubiger an dessen Wohn- bzw. Geschäftssitz übermitteln (§ 270 BGB).

(5) VERPACKUNGSKOSTEN

Grundsätzlich sind zwei Arten von Verpackung zu unterscheiden:

- **Aufmachungsverpackung (Verkaufs- und Umverpackung):** Darin wird die Ware dargeboten bzw. portioniert und damit die Übergabe der Ware an den Käufer ermöglicht bzw. erleichtert. Die Verpackungsverordnung unterscheidet noch einmal „Verkaufsverpackungen“ (z. B. Flasche, Dose, Tube, Schachtel usw.) und „Umverpackungen“ (Karton um die Flasche, Schweißfolie um mehrere Dosen usw.).
- **Transportverpackung (Versandverpackung):** Diese Verpackungen (Paletten, Umkartons, Kisten, Container usw.) erleichtern den Transport bzw. die Versendung und sollen die Ware vor Schäden bewahren.

Vertragliche Vereinbarungen

Oftmals wird vertraglich vereinbart, dass Transportverpackungen leihweise überlassen oder Paletten bei Anlieferung getauscht werden. Typische Klauseln dazu lauten *„Verpackung leihweise“* oder *„Palettentausch bei Lieferung“*. Ist die Warenmenge in Gewicht vereinbart (Kaffee, Getreide usw.), ist das Verpackungsgewicht („Tara“) zu berücksichtigen. Es gilt: Bruttogewicht (Gesamtgewicht aus Ware und Verpackung) – Tara = Nettogewicht (Reingewicht).

Folgende Vereinbarungen sind üblich:

- **„Reingewicht einschließlich Verpackung“:** Der Preis bezieht sich auf das Reingewicht der Ware, die Verpackung wird nicht in Rechnung gestellt.
- **„Reingewicht ausschließlich Verpackung“:** Der Preis bezieht sich auf das Reingewicht der Ware, die Verpackung wird dem Käufer zusätzlich in Rechnung gestellt.
- **„Rohgewicht einschließlich Verpackung“, „brutto für netto“:** Der Preis bezieht sich auf das Gesamtgewicht (Ware + Verpackung), die Verpackung wird wie die Ware berechnet.

Gesetzliche Regelung (BGB)

§ 448 Kosten der Übergabe und vergleichbare Kosten

(1) Der Verkäufer trägt die Kosten der Übergabe der Sache, der Käufer die Kosten der Abnahme und der Versendung der Sache nach einem anderen Ort als dem Erfüllungsort. [...]

(6) BEFÖRDERUNGSKOSTEN

Vertragliche Vereinbarungen

Innerhalb Deutschlands sind unter Kaufleuten folgende Versandklauseln üblich:

Versandklauseln							
Klausel	VERKÄUFER	LKW Rollgeld (I) (Anfuhr)	VERLADESTATION Wiege-/Verladekosten	EISENBAHN/SCHIFF Fracht	ENTLADESTATION Wiege-/Entladekosten	LKW Rollgeld (II) (Zufuhr)	KÄUFER
ab Werk ab Lager							
unfrei ab hier ab Bahnhof hier							
frei Waggon frei Schiff							
frachtfrei frei dort frei Bahnhof dort							
frei Haus frei Werk frei Lager							

trägt der Verkäufer — trägt der Käufer

Gesetzliche Regelung (BGB)

Auch hier greift wie bei den Verpackungskosten § 448 BGB (siehe oben).

Dabei sind zu unterscheiden:

- **Platzkauf:** Haben Verkäufer und Käufer ihren Sitz in derselben Stadt, so muss der Käufer sämtliche Beförderungskosten tragen. Die gesetzliche Regelung entspricht hier also der Versandklausel *„ab Werk"*.
- **Versendungskauf:** Haben der Verkäufer und der Käufer ihren Sitz in unterschiedlichen Orten, so trägt der Verkäufer das Rollgeld (I). Die gesetzliche Regelung entspricht hier also der Versandklausel *„unfrei"* (bzw. *„ab hier"*, *„ab Bahnhof hier"*).

(7) LIEFERFRIST

Vertragliche Vereinbarungen

Folgende Vereinbarungen sind üblich:

- **Sofortkauf:** Die Ware soll unmittelbar nach der Bestellung geliefert werden (Beispielklausel: *„Lieferung sofort"*).
- **Terminkauf:** Die Lieferung der Ware soll zu einem vereinbarten Termin oder innerhalb einer vereinbarten Frist erfolgen (Beispielklausel: *„Lieferung am 30. Juni"*, *„Lieferung bis 30. Juni"*).
- **Fixkauf:** Die Lieferung der Ware soll zu einem vereinbarten Termin oder innerhalb einer vereinbarten Frist erfolgen, jedoch anders als beim Terminkauf steht und fällt der Kaufvertrag hier mit Einhaltung des Termins bzw. der Frist. Eine Sonderform des Fixkaufs ist der „Zweckkauf", bei dem eine pünktliche Lieferung in der Natur der Kaufsache liegt (z. B. Lieferung eines Brautkleids zur kirchlichen Hochzeit). Eine entsprechende Klausel muss unmissverständlich deutlich machen, dass es sich um einen Fixkauf handelt (z. B. *„Lieferung am 30. Juni fix"*, statt *„fix"* ist auch möglich: *„fest"*, *„genau"*, *„exakt"*, *„präzis"*, *„prompt"*, *„spätestens"*).
- **Kauf auf Abruf:** Der Käufer darf den Zeitpunkt der Gesamtlieferung bzw. die Zeitpunkte von Teillieferungen innerhalb einer vereinbarten Frist bestimmen.

Gesetzliche Regelung (BGB)

§ 271 Leistungszeit

(1) Ist eine Zeit für die Leistung weder bestimmt noch aus den Umständen zu entnehmen, so kann der Gläubiger die Leistung sofort verlangen, der Schuldner sie sofort bewirken.

(2) Ist eine Zeit bestimmt, so ist im Zweifel anzunehmen, dass der Gläubiger die Leistung nicht vor dieser Zeit verlangen, der Schuldner aber sie vorher bewirken kann.

§

(8) GEFAHRÜBERGANG

Gemäß § 433 BGB muss der Verkäufer dem Käufer die mangelfreie Ware übergeben. Solange die Ware sich noch im Verfügungsbereich des Verkäufers befindet, liegt das Risiko für jede Art von Schaden oder Verlust der Ware bei ihm. „Gefahrübergang" ist der Moment, in dem dieses Risiko auf den Käufer übergeht.

Vertragliche Vereinbarungen

Käufer und Verkäufer können den Ort des Gefahrübergangs frei vereinbaren.

Gesetzliche Regelung (BGB)

§ 446 Gefahr- und Lastenübergang

Mit der Übergabe der verkauften Sache geht die Gefahr des zufälligen Untergangs und der zufälligen Verschlechterung auf den Käufer über. Von der Übergabe an gebühren dem Käufer die Nutzungen und trägt er die Lasten der Sache. Der Übergabe steht es gleich, wenn der Käufer im Verzug der Annahme ist.

§

Dabei bedeutet „zufällig“, dass keine Vertragspartei ein Verschulden trifft. „Untergang“ steht für physische Zerstörung, Diebstahl, Beschlagnahme usw., „Verschlechterung“ steht für jegliche Art von Qualitätsminderung (z. B. Verderb, Beschädigung, entstandener Sachmangel).

§ 447 Gefahrübergang beim Versendungskauf

(1) Versendet der Verkäufer auf Verlangen des Käufers die verkaufte Sache nach einem anderen Ort als dem Erfüllungsort, so geht die Gefahr auf den Käufer über, sobald der Verkäufer die Sache dem Spediteur, dem Frachtführer oder der sonst zur Ausführung der Versendung bestimmten Person oder Anstalt ausgeliefert hat.

[...]

§

Das Versendungsverlangen des Käufers wird i. d. R. im Kaufvertrag festgehalten. Es liegt auch dann ein Versendungsverlangen vor, wenn der Verkäufer die Versendung anbietet und der Käufer zustimmt.

Ausnahme: Führt der Verkäufer im Fall des Versendungskaufs den gesamten Transport selbst durch oder beauftragt damit seine Angestellten, geht die Gefahr erst mit Übergabe an den Käufer auf diesen über.

(9) EIGENTUMSÜBERGANG

Vertragliche Vereinbarungen

Oftmals verlangt der Verkäufer einen „Eigentumsvorbehalt“. Dabei handelt es sich um eine Vertragsklausel, welche verhindert, dass das Eigentum bereits mit Übergabe der Ware auf den Käufer übergeht (gesetzliche Regelung, siehe unten). Der Eigentumsvorbehalt gewährleistet, dass das Eigentum erst dann auf den Käufer übergeht, wenn dieser den Kaufpreis bezahlt hat. Man unterscheidet:

- **Einfacher Eigentumsvorbehalt:** Verkäufer und Käufer vereinbaren, dass der Verkäufer Eigentümer einer Sache bleibt, bis der Kaufpreis dieser Sache vollständig bezahlt ist. Bis dahin wird der Käufer nur Besitzer (Beispielklausel: *„Die Ware bleibt bis zur vollständigen Bezahlung Eigentum des Verkäufers.“*). Ein großes Problem für den Verkäufer besteht jedoch darin, dass der einfache Eigentumsvorbehalt bei Weiterverkauf oder Weiterverarbeitung der Ware durch den Käufer erlischt.
- **Verlängerter Eigentumsvorbehalt:** Dieser soll verhindern, dass der Eigentumsvorbehalt bei Weiterverkauf oder Weiterverarbeitung erlischt: Bei Weiterverkauf lässt sich der Verkäufer die neue Forderung abtreten (Zession), bei Weiterverarbeitung wird der Eigentumsvorbehalt an der Sache im neuen Erzeugnis fortgesetzt (Beispielklausel: *„Der Käufer tritt dem Verkäufer alle Forderungen in Höhe des Rechnungsbetrages ab, die ihm durch die Weiterveräußerung gegen einen Dritten erwachsen.“*).
- **Erweiterter Eigentumsvorbehalt:** Verkäufer und Käufer vereinbaren, dass der Verkäufer Eigentümer einer Sache bleibt, bis sämtliche Kaufpreisforderungen des Verkäufers gegenüber dem Käufer (= Summe der Einzelforderungen) erfüllt sind, bis dahin wird der Käufer nur Besitzer (Beispielklausel: *„Die Gegenstände der Lieferungen bleiben Eigentum des Verkäufers bis zur Erfüllung sämtlicher ihm gegen den Käufer aus der Geschäftsverbindung zustehenden Ansprüche.“*).

Gesetzliche Regelung (BGB)

Wird kein Eigentumsvorbehalt vereinbart, so greift bei beweglichen Sachen § 929 BGB:

§ 929 Einigung und Übergabe

Zur Übertragung des Eigentums an einer beweglichen Sache ist erforderlich, dass der Eigentümer die Sache dem Erwerber übergibt und beide darüber einig sind, dass das Eigentum übergehen soll. Ist der Erwerber im Besitz der Sache, so genügt die Einigung über den Übergang des Eigentums.

§

(10) ZAHLUNGSFRIST UND SKONTO

Vertragliche Vereinbarungen

Folgende Vereinbarungen sind üblich:

- **Anzahlung (Vorauszahlung):** Die Zahlung ist vor der Lieferung der Ware zu leisten.
- **Barkauf (Sofortkauf):** Die Zahlung ist bei Lieferung zu leisten („Zug um Zug") (Beispielklausel: *„Zahlung bei Lieferung"*).
- **Zielkauf (Kreditkauf):** Die Zahlung ist innerhalb einer vereinbarten Frist zu leisten (Beispielklausel: *„Zahlbar in 30 Tagen"* oder *„30 Tage Ziel"*). Gewöhnlich wird zugleich ein **Skonto** (Preisnachlass bei vorzeitiger Zahlung) vereinbart (Beispielklausel: *„3 % Skonto bei Zahlung innerhalb von 14 Tagen"*). Die kombinierte Klausel lautet gewöhnlich *„zahlbar in 14 Tagen mit 3 % Skonto oder in 30 Tagen netto Kasse"*. In diesem Zusammenhang steht die Klausel *„netto Kasse"* (oder auch nur *„netto"*) für „ohne Abzüge".
- **Teilzahlungskauf (Ratenkauf):** Die Zahlung erfolgt in mehreren Raten (Teilzahlungen) einer vereinbarten Höhe im Verlauf eines vereinbarten Zeitraums.

Eine vereinbarte Zahlungsfrist bezieht sich auf den Zeitpunkt des Zahlungseingangs beim Verkäufer und nicht auf den Zeitpunkt der Zahlungshandlung des Käufers.[1]

Gesetzliche Regelung (BGB)

§ 271 Leistungszeit

(1) Ist eine Zeit für die Leistung weder bestimmt noch aus den Umständen zu entnehmen, so kann der Gläubiger die Leistung sofort verlangen, der Schuldner sie sofort bewirken.

(2) Ist eine Zeit bestimmt, so ist im Zweifel anzunehmen, dass der Gläubiger die Leistung nicht vor dieser Zeit verlangen, der Schuldner aber sie vorher bewirken kann.

§

(11) GERICHTSSTAND

Der Gerichtsstand ist der Ort des Gerichtes, das für Rechtsstreitigkeiten im Zusammenhang mit dem Kaufvertrag zuständig ist, und wird in der Zivilen Prozessordnung (ZPO) festgelegt, welche gerichtliche Verfahren in Zivilprozessen regelt.

Vertragliche Vereinbarungen

Nur Kaufleute untereinander dürfen den Gerichtsstand frei vereinbaren (§ 38 ZPO).

Gesetzliche Regelung (ZPO)

§ 29 Besonderer Gerichtsstand des Erfüllungsorts

(1) Für Streitigkeiten aus einem Vertragsverhältnis und über dessen Bestehen ist das Gericht des Ortes zuständig, an dem die streitige Verpflichtung zu erfüllen ist.

[...]

§

Bis zu einem Streitwert in Höhe von 5.000,00 € liegt die Zuständigkeit beim Amtsgericht, bei einem höheren Streitwert ist das Landgericht zuständig (§§ 23, 71 GVG[2]).

1 Urteil des Europäischen Gerichtshofs (EuGH) vom 03. April 2008. Zuvor war der Zeitpunkt der Zahlungshandlung (z. B. Erteilung eines Überweisungsauftrags) maßgeblich.
2 GVG: Gerichtsverfassungsgesetz

4 Unterscheiden von Kaufvertragsarten

ARBEITSAUFTRAG

Kreuzen Sie mithilfe des nachfolgenden Infotextes für jeden der Fälle an:

Art des Kaufvertrags	Fall					
	1	2	3	4	5	6
1. nach rechtlicher Stellung der Vertragspartner						
a) zweiseitiger Handelskauf						
b) Verbrauchsgüterkauf						
c) bürgerlicher Kauf						
d) einseitiger Handelskauf						
2. nach Art und Beschaffenheit der Ware						
a) Gattungskauf						
b) Stückkauf						
c) Kauf nach Probe						
d) Kauf auf Probe						
e) Spezifikationskauf						
f) Kauf in Bausch und Bogen						
3. nach vereinbarter Lieferzeit						
a) Sofortkauf						
b) Terminkauf						
c) Fixkauf						
d) Kauf auf Abruf						
4. nach vereinbarter Zahlungszeit						
a) Barkauf						
b) Zielkauf						
c) Teilzahlungskauf						
d) Vorauszahlungskauf						

Fall 1: Die Kampmann GmbH erwirbt 1.046 Räder bei der Tholen & Frey GmbH (siehe Kapitel C).
Fall 2: Die Kampmann GmbH bestellt bei der Textil AG 460 Auflagen für Sonnenliegen, die einem zuvor gelieferten Produktmuster (Kunstleder, beige) entsprechen sollen. Kampmann darf zwar den Lieferungszeitpunkt bestimmen, muss aber bereits bei Vertragsschluss bezahlen.
Fall 3: Herr Kampmann erwirbt in der Mittagspause beim ortsansässigen Sportfachhandelsgeschäft eine Winterjacke für seinen nächsten Ski-Urlaub. Bei Nichtgefallen kann er die Jacke innerhalb von drei Wochen umtauschen. Er bezahlt mit seiner EC-Karte und nimmt die Jacke gleich mit.
Fall 4: Das Hotel Ostseeblick (GmbH) aus Kiel bestellt bei der Kampmann GmbH 150 wetterfeste Liegestühle. Die Bezahlung soll in vier Raten erfolgen, die jeweils zum Quartalsende zu leisten sind. Bedingung für den Kauf ist die Lieferung bis spätestens zum 15. Juni des Folgejahres, da die Liegestühle zwingend für die Kieler Woche benötigt werden.
Fall 5: Kampmann kauft einem befreundeten Hobbymaler ein Originalgemälde ab, welches er gleich mitnehmen kann. Kampmann legt es in sein Auto und bezahlt anschließend den Kaufpreis.
Fall 6: Die Kampmann GmbH erwirbt ungeprüft sämtliche Restbestände an Holzbohlen aus der Insolvenzmasse des Holzhändlers Seiler KG aus Wismar. Die Ware ist bis Ende des Monats abzuholen und innerhalb von 60 Tagen zu bezahlen.

Infotext: Kaufvertragsarten

Kaufverträge werden sowohl hinsichtlich rechtlicher Stellung der Vertragspartner als auch hinsichtlich ihrer Inhalte in Arten eingeteilt. Das ist vor allem unter Kaufleuten üblich, da diese damit wesentliche Vertragsmerkmale zusammenfassen können. Kaufleute unterscheiden:

- **nach rechtlicher Stellung der Vertragspartner**
  - **zweiseitiger Handelskauf:** Verkäufer und Käufer sind Kaufleute gemäß HGB.
  - **Verbrauchsgüterkauf:** Der Verkäufer ist Kaufmann nach HGB, der Käufer ist Nichtkaufmann.
  - **bürgerlicher Kauf:** Verkäufer und Käufer sind Nichtkaufleute.
  - **einseitiger Handelskauf:** Der Verkäufer ist Nichtkaufmann, der Käufer ist Kaufmann.
- **nach Art und Beschaffenheit der Ware**
  - **Gattungskauf (243 BGB, 360 HGB):** Die Kaufsache gehört einer Gattung (Warengattung mit allgemeingültigen Merkmalen) an und ist innerhalb dieser Gattung austauschbar bzw. „vertretbar“ (z. B. ein Neuwagen).
  - **Stückkauf (Spezieskauf):** Die Kaufsache ist nur einmalig (nur ein Exemplar) vorhanden und damit nicht austauschbar bzw. „nicht vertretbar“ (z. B. ein Gebrauchtwagen).
  - **Kauf nach Probe:** Die Kaufsache muss mit einer zuvor gelieferten Warenprobe (Muster) bzw. einer früheren Lieferung übereinstimmen (z. B. Lieferung einer größeren Menge bedruckter T-Shirts, die einem zuvor gelieferten Exemplar entsprechen sollen).
  - **Kauf auf Probe (§ 454 BGB):** Der Kaufvertrag wird geschlossen, jedoch hat der Käufer innerhalb einer vereinbarten Frist ein Rückgaberecht. Nach Ablauf der Frist wird der Vertrag endgültig rechtswirksam.
  - **Spezifikationskauf (Bestimmungskauf, § 375 HGB):** Der Kaufvertrag einer beweglichen Sache sieht nur Art und Menge vor, dem Käufer ist innerhalb einer vereinbarten Frist die nähere Bestimmung der Ware (Form, Maße, Farbe, Länge usw.) vorbehalten. Gerät er damit in Verzug, kann der Verkäufer die nähere Bestimmung vorsehen.
  - **Kauf in Bausch und Bogen (Kauf en bloc, Ramschkauf):** Der Käufer erwirbt die Kaufsache für einen Pauschalpreis und verzichtet auf die Zusicherung einer bestimmten Qualität.
- **nach vereinbarter Lieferzeit**
  - **Sofortkauf (§ 271 BGB):** Die Ware soll unmittelbar nach Bestellung geliefert werden.
  - **Terminkauf:** Die Lieferung der Ware soll zu einem vereinbarten Termin oder innerhalb einer vereinbarten Frist erfolgen.
  - **Fixkauf:** Die Ware soll zu einem vereinbarten Termin oder innerhalb einer vereinbarten Frist erfolgen, aber anders als beim Terminkauf steht und fällt der Kaufvertrag mit Einhaltung des Termins bzw. der Frist.
  - **Kauf auf Abruf:** Der Käufer darf den Zeitpunkt der Gesamtlieferung bzw. die Zeitpunkte von Teillieferungen innerhalb einer vereinbarten Frist bestimmen.
- **nach vereinbarter Zahlungszeit**
  - **Barkauf (§ 271 BGB):** Die Zahlung ist bei Lieferung zu leisten („Zug um Zug“).
  - **Zielkauf (Kreditkauf):** Die Zahlung ist innerhalb einer festgelegten Frist zu leisten.
  - **Teilzahlungskauf (Ratenkauf):** Die Zahlung erfolgt in mehreren Raten (Teilzahlungen) einer vereinbarten Höhe im Verlauf eines vereinbarten Zeitraums.
  - **Vorauszahlungskauf (Anzahlung):** Die Zahlung ist ganz oder teilweise vor der Lieferung der Ware zu leisten.

5 Prüfen allgemeiner Geschäftsbedingungen (AGB)

Die Hillmann OHG aus Dortmund beliefert die Kampmann GmbH mit Farben und Lacken. Das Unternehmen beliefert Unternehmen und auch Verbraucher. Die Hillmann OHG (im Folgenden „Verwender") verwendet folgende Allgemeine Geschäftsbedingungen gegenüber allen Kunden:

Allgemeine Geschäftsbedingungen (AGB)	HILLMANN OHG

§ 1 Vertragsabschluss

Kaufverträge mit dem Verwender bedürfen grundsätzlich einer schriftlichen Auftragsbestätigung.

§ 2 Lieferungsbedingungen

(1) Die Lieferfrist des Verwenders beträgt sieben Tage.
(2) Abweichend von Absatz 1 kann sich die Lieferzeit nach Ermessen des Verwenders verlängern.
(3) Die Kosten der Lieferung trägt der Käufer.

§ 3 Preise und Zahlungsbedingungen

(1) Alle Preise gelten ab Werk zuzüglich der gesetzlich geltenden Umsatzsteuer.
(2) Rechnungen des Verwenders sind innerhalb von 30 Tagen ab Erhalt der Rechnung netto (ohne Abzüge) oder innerhalb von 10 Tagen mit 2 % Skonto durch den Käufer zu bezahlen.
(3) Soll die Ware später als zwei Monate nach Vertragsabschluss geliefert werden, so behält sich der Verwender vor, mögliche Preiserhöhungen an den Käufer weiterzugeben.

§ 4 Serviceleistungen

Beim Kauf wartungsbedürftiger elektrischer Geräte verpflichtet sich der Käufer zu einem zweijährigen Wartungsvertrag mit dem Verwender. Die Kosten der Wartung trägt der Käufer.

§ 5 Eigentumsvorbehalt

Die Ware bleibt bis zur vollständigen Bezahlung Eigentum des Verwenders.

§ 6 Gewährleistung

(1) Im Fall mangelhafter Ware hat der Kunde das Recht auf Nachbesserung durch den Verwender, sonstige gesetzliche Ansprüche sind ausgeschlossen.
(2) Der Verwender behält sich vor, Nachbesserungsmaßnahmen frühestens nach drei Monaten vorzunehmen.
(3) Der Käufer trägt die Lohnkosten, welche dem Verkäufer durch Nachbesserungen entstehen.

§ 7 Haftungsbegrenzung

Der Verwender haftet nur im Fall einer vorsätzlichen, einer fahrlässigen oder einer grob fahrlässigen Pflichtverletzung, die er selbst, sein gesetzlicher Vertreter oder sein Erfüllungsgehilfe zu verantworten hat.

§ 8 Rücktritt

Der Verwender behält sich vor, im Einzelfall und unter sorgfältiger Abwägung der Interessen beider Vertragsparteien vom Kaufvertrag zurückzutreten.

§ 9 Kooperationen

Der Verwender ist berechtigt, Kundendaten für Zwecke der Marktforschung an Partnerunternehmen der Region weiterzuleiten, sofern dies aus Sicht des Verwenders im Interesse seiner Kunden ist.

§ 10 Erfüllungsort und Gerichtsstand

(1) Erfüllungsort für Ware und für Bezahlung ist Dortmund.
(2) Der Gerichtsstand für beide Teile (Waren- und Geldschulden) ist Dortmund.

ARBEITSAUFTRÄGE

Bearbeiten Sie die Arbeitsaufträge mithilfe des nachfolgenden Infotextes.

1. Erläutern Sie in kurzen Worten, was der Gesetzgeber mit den §§ 305 bis 310 BGB bezweckt.

___

___

2. Prüfen Sie, welche der §§ 305 bis 310 BGB nicht für AGB gegenüber Unternehmen gelten.

___

3. Die Hillmann OHG sendet ihre AGB nur auf Verlangen ihren Kunden zu. Prüfen Sie mithilfe von § 305 (2) BGB, ob diese AGB Bestandteil von Kaufverträgen mit Verbrauchern werden können.

___

___

4. Kreuzen Sie mithilfe der §§ 305 bis 309 BGB an, ob die AGB der Hillmann OHG gegenüber Verbrauchern zulässig oder unzulässig sind und begründen Sie Ihre Meinung in letzterem Falle.

§	zulässig	unzulässig	Begründung, falls unzulässig (Stichworte)
§ 1			
§ 2 (1)			
§ 2 (2)			
§ 2 (3)			
§ 3 (1)			
§ 3 (2)			
§ 3 (3)			
§ 4			
§ 5			
§ 6 (1)			
§ 6 (2)			
§ 6 (3)			
§ 7			
§ 8			
§ 9			
§ 10 (1)			
§ 10 (2)			

5. Die Hillmann OHG räumt ein, dass einige ihrer AGB keine wirksamen Vertragsbestandteile sein können. Prüfen Sie, ob betroffene Verträge damit ungültig sind.

___

___

Infotext: Allgemeine Geschäftsbedingungen (AGB)

Bedeutung von AGB

Um nicht Vertrag für Vertrag immer wieder sämtliche Vertragsbestandteile durchdenken, aushandeln und in den einzelnen Verträgen schriftlich fixieren zu müssen, sind viele Unternehmen dazu übergegangen, wiederkehrende Vertragskonditionen einmal einheitlich für ihr Unternehmen zu formulieren und bei zukünftigen Verträgen nur noch darauf zu verweisen. Diese standardisierten Konditionen nennt man Allgemeine Geschäftsbedingungen (AGB). Das Unternehmen, welches sie verwendet, wird als Verwender bezeichnet. Mit seinen AGB kann der Verwender nicht nur seine Vertragsverhandlungen abkürzen, sondern auch seine Vertragsbedingungen leichter durchsetzen und damit mögliche Vertragsrisiken begrenzen. AGB können sowohl für Verträge mit Kunden (Verkaufs-AGB) als auch für Verträge mit Lieferanten (Einkaufs-AGB) entwickelt und verwendet werden. Widersprechen sich dabei bestimmte Klauseln der Vertragspartner, so gilt die gesetzliche Regelung.

Rechtliche Grenzen für AGB

Manche AGB-Verwender versuchen, ihre Kunden (vor allem Verbraucher) mit „Kleingedrucktem" zu übervorteilen. Um das zu verhindern, hat der Gesetzgeber mit den §§ 305 bis 310 BGB den Verwendern von AGB formal und inhaltlich enge Grenzen gesetzt:

§ 305 Einbeziehung Allgemeiner Geschäftsbedingungen in den Vertrag

(1) Allgemeine Geschäftsbedingungen sind alle für eine Vielzahl von Verträgen vorformulierten Vertragsbedingungen, die eine Vertragspartei (Verwender) der anderen Vertragspartei bei Abschluss eines Vertrags stellt. [...] Allgemeine Vertragsbedingungen liegen nicht vor, soweit die Vertragsbedingungen zwischen den Vertragsparteien im Einzelnen ausgehandelt sind.

(2) Allgemeine Geschäftsbedingungen werden nur dann Bestandteil eines Vertrags, wenn der Verwender bei Vertragsschluss

1. die andere Vertragspartei ausdrücklich oder, wenn ein ausdrücklicher Hinweis wegen der Art des Vertragsschlusses nur unter unverhältnismäßigen Schwierigkeiten möglich ist, durch deutlich sichtbaren Aushang am Ort des Vertragsschlusses auf sie hinweist und
2. der anderen Vertragspartei die Möglichkeit verschafft, in zumutbarer Weise, die auch eine für den Verwender erkennbare körperliche Behinderung der anderen Vertragspartei angemessen berücksichtigt, von ihrem Inhalt Kenntnis zu nehmen,

und wenn die andere Vertragspartei mit ihrer Geltung einverstanden ist.

(3) [...]

Die Kenntnisnahme der AGB ist dann zumutbar, wenn diese bei Vertragsabschluss für Durchschnittskunden mühelos lesbar, verständlich und ihr Umfang der Bedeutung des Geschäfts angemessen sind. Beim Vertragsabschluss unter Abwesenden sind die AGB dem Käufer zuzusenden.

§ 305b Vorrang der Individualabrede

Individuelle Vertragsabreden haben Vorrang vor Allgemeinen Geschäftsbedingungen.

Der Grundgedanke aus § 305b BGB findet seinen Ursprung im römischen Recht (*„lex speciales derogat legi generali", lat., „Das besondere Gesetz verdrängt das allgemeine Gesetz."*) und findet sich in vielen Teilgebieten des deutschen Rechts wieder.

§ 305c Überraschende und mehrdeutige Klauseln

(1) Bestimmungen in Allgemeinen Geschäftsbedingungen, die nach den Umständen, insbesondere nach dem äußerlichen Erscheinungsbild des Vertrags, so ungewöhnlich sind, dass der Vertragspartner des Verwenders mit ihnen nicht zu rechnen braucht, werden nicht Vertragsbestandteil.

(2) Zweifel bei der Auslegung Allgemeiner Geschäftsbedingungen gehen zu Lasten des Verwenders.

Überraschend sind Klauseln dann, wenn sie mit Grundgedanken des Vertrags, der Vertragsverhandlungen oder Werbeaussagen des Verwenders unvereinbar sind oder wenn sie den Vertragspartner „überrumpeln" (z. B. „versteckte Klauseln", die in den AGB inhaltlich an falscher Stelle untergebracht sind oder irreführende Überschriften).

§ 306 Rechtsfolgen bei Nichteinbeziehung und Unwirksamkeit

(1) Sind Allgemeine Geschäftsbedingungen ganz oder teilweise nicht Vertragsbestandteil geworden oder unwirksam, so bleibt der Vertrag im Übrigen wirksam.

(2) Soweit die Bestimmungen nicht Vertragsbestandteil geworden oder unwirksam sind, richtet sich der Inhalt des Vertrags nach den gesetzlichen Vorschriften.

[...]

AGB werden immer dann nicht Vertragsbestandteil, wenn es das Gesetz (§ 305 ff. BGB) verlangt oder wenn sich Klauseln aus den Ein- und den Verkaufs-AGB der Vertragspartner widersprechen.

§ 307 Inhaltskontrolle

(1) Bestimmungen in Allgemeinen Geschäftsbedingungen sind unwirksam, wenn sie den Vertragspartner des Verwenders entgegen den Geboten von Treu und Glauben unangemessen benachteiligen. Eine unangemessene Benachteiligung kann sich auch daraus ergeben, dass die Bestimmung nicht klar und verständlich ist.

(2) Eine unangemessene Benachteiligung ist im Zweifel anzunehmen, wenn eine Bestimmung

1. mit wesentlichen Grundgedanken der gesetzlichen Regelung, von der abgewichen wird, nicht zu vereinbaren ist oder

2. wesentliche Rechte oder Pflichten, die sich aus der Natur des Vertrags ergeben, so einschränkt, dass die Erreichung des Vertragszwecks gefährdet ist.

[...]

§ 307 BGB soll den Vertragspartner vor unangemessenen Benachteiligungen schützen. Diese müssen jedoch erheblich sein, wie z. B. der Ausschluss von Gewährleistungsansprüchen oder Haftungsausschlüsse bei Konstruktionsfehlern. § 307 BGB ist eine allgemein gehaltene Generalklausel, die in den §§ 308 und 309 BGB für bestimmte Fälle konkretisiert wird.

§ 308 Klauselverbote mit Wertungsmöglichkeit

In Allgemeinen Geschäftsbedingungen ist insbesondere unwirksam

1. (Annahme- und Leistungsfrist)
eine Bestimmung, durch die sich der Verwender unangemessen lange oder nicht hinreichend bestimmte Fristen für die Annahme oder Ablehnung eines Angebots oder die Erbringung einer Leistung vorbehält; [...]

1 a. (Zahlungsfrist)
eine Bestimmung, durch die sich der Verwender eine unangemessen lange Zeit für die Erfüllung einer Entgeltforderung des Vertragspartners vorbehält;

1 b. (Überprüfungs- und Abnahmefrist)
eine Bestimmung, durch die sich der Verwender vorbehält, eine Entgeltforderung des Vertragspartners erst nach unangemessen langer Zeit für die Überprüfung oder Abnahme der Gegenleistung zu erfüllen [...]

2. (Nachfrist)
eine Bestimmung, durch die sich der Verwender für die von ihm zu bewirkende Leistung abweichend von Rechtsvorschriften eine unangemessen lange oder nicht hinreichend bestimmte Nachfrist vorbehält;

3. (Rücktrittsvorbehalt)
die Vereinbarung eines Rechts des Verwenders, sich ohne sachlich gerechtfertigten und im Vertrag angegebenen Grund von seiner Leistungspflicht zu lösen; [...]

4. (Änderungsvorbehalt)
die Vereinbarung eines Rechts des Verwenders, die versprochene Leistung zu ändern oder von ihr abzuweichen, wenn nicht die Vereinbarung der Änderung oder Abweichung unter der Berücksichtigung der Interessen des Verwenders für den anderen Vertragsteil zumutbar ist;

[...]

„Klauselverbote mit Wertungsmöglichkeit" enthalten unbestimmte Rechtsbegriffe wie „angemessen", „unangemessen", „gerechtfertigt", „ungerechtfertigt" usw. Diese sind von der Rechtsprechung im Sinne der übergeordneten Generalklausel (§ 307 BGB) auszulegen.

§ 309 Klauselverbote ohne Wertungsmöglichkeit

Auch soweit eine Abweichung von den gesetzlichen Vorschriften zulässig ist, ist in Allgemeinen Geschäftsbedingungen unwirksam

1. (kurzfristige Preiserhöhungen)
eine Bestimmung, welche die Erhöhung des Entgelts für Waren oder Leistungen vorsieht, die innerhalb von vier Monaten nach Vertragsschluss geliefert oder erbracht werden sollen; dies gilt nicht bei Waren oder Leistungen, die im Rahmen von Dauerschuldverhältnissen geliefert oder erbracht werden; [...]

4. (Mahnung, Fristsetzung)
eine Bestimmung, durch die der Verwender von der gesetzlichen Obliegenheit freigestellt wird, den anderen Vertragsteil zu mahnen oder ihm eine Frist für die Leistung oder Nacherfüllung zu setzen;

5. (Pauschalierung von Schadensersatzansprüchen)
die Vereinbarung eines pauschalierten Anspruchs des Verwenders auf Schadensersatz oder Ersatz einer Wertminderung, wenn

a) die Pauschale den in den geregelten Fällen nach dem gewöhnlichen Lauf der Dinge zu erwartenden Schaden oder die gewöhnlich eintretende Wertminderung übersteigt oder

b) dem anderen Vertragsteil nicht ausdrücklich der Nachweis gestattet wird, ein Schaden oder eine Wertminderung sei überhaupt nicht entstanden oder wesentlich niedriger als die Pauschale;

[...]

8. (Sonstige Haftungsausschlüsse bei Pflichtverletzung)

a) (Ausschluss des Rechts, sich vom Vertrag zu lösen)
eine Bestimmung, die bei einer vom Verwender zu vertretenden, nicht in einem Mangel der Kaufsache oder des Werkes bestehenden Pflichtverletzung das Recht des anderen Vertragsteils, sich vom Vertrag zu lösen, ausschließt oder einschränkt [...]

b) (Mängel)
eine Bestimmung, durch die bei Verträgen über Lieferungen neu hergestellter Sachen und über Werkleistungen

aa) (Ausschluss und Verweisung auf Dritte)
die Ansprüche gegen den Verwender wegen eines Mangels insgesamt oder bezüglich einzelner Teile ausgeschlossen, auf die Einräumung von Ansprüchen gegen Dritte beschränkt oder von der vorherigen gerichtlichen Inanspruchnahme Dritter abhängig gemacht werden;

bb) (Beschränkung auf Nacherfüllung)
die Ansprüche gegen den Verwender insgesamt oder bezüglich einzelner Teile auf ein Recht auf Nacherfüllung beschränkt werden, sofern dem anderen Vertragsteil nicht ausdrücklich das Recht vorbehalten wird, bei Fehlschlagen der Nacherfüllung zu mindern oder, wenn nicht eine Bauleistung Gegenstand der Mängelhaftung ist, nach seiner Wahl vom Vertrag zurückzutreten;

cc) (Aufwendungen bei Nacherfüllung)
die Verpflichtung des Verwenders ausgeschlossen oder beschränkt wird, die zum Zweck der Nacherfüllung erforderlichen Aufwendungen [...] zu tragen oder zu ersetzen;

[...]

Anders als bei § 308 BGB bedarf es bei § 309 BGB also keiner Auslegung der Rechtsprechung.

§ 310 Anwendungsbereich

(1) § 305 Absatz 2 und 3, § 308 Nummer 1, 2 bis 8 und § 309 finden keine Anwendung auf Allgemeine Geschäftsbedingungen, die gegenüber einem Unternehmer [...] verwendet werden. [...]

Offenbar ist das BGB bei AGB gegenüber Unternehmen deutlich großzügiger als bei AGB gegenüber Verbrauchern. Dabei ist jedoch zu beachten, dass die §§ 308 und 309 BGB für AGB gegenüber Unternehmen einen „Indizcharakter" für die urteilenden Richter haben, das bedeutet: AGB, die in den §§ 308 und 309 BGB beschrieben werden, sind stets verdächtig, gegen die Generalklausel § 307 BGB zu verstoßen – und diese gilt ja auch für AGB gegenüber Unternehmen. Somit können die §§ 308 und 309 BGB indirekt über den Umweg des § 307 BGB auch für AGB gegenüber Unternehmen gelten. Das ist in der Praxis oft der Fall.

6. Seit kurzer Zeit verwendet die Kampmann Einkaufs-AGB gegenüber ihren Lieferanten, welche unter anderem die beiden Klauseln *„Lieferung frei Haus"* und *„Erfüllungsort ist Hamburg"* enthalten. Diese Einkaufs-AGB wurden bereits allen Lieferanten der Kampmann GmbH zugesendet.

Am 17. April 20.. erhält die Kampmann GmbH auf Anfrage ein Angebot der Hillmann OHG (siehe Folgeseite), in dem diese auf ihre AGB verweist. Die Kampmann GmbH bestellt noch am selben Tag 500 Liter Lack bei der Hillmann OHG mit dem Hinweis: „Es gelten unsere Einkaufs-AGB." Beantworten Sie zu diesem Vertrag die nachfolgenden Fragen und begründen Sie Ihre Meinung. Berücksichtigen Sie dabei

- die beiden neuen Klauseln aus den Einkaufs-AGB der Kampmann GmbH,
- die Verkaufs-AGB der Hillmann OHG (Seite 76),
- die §§ 305 bis 310 BGB (siehe vorangehender Infotext).

a) Welche Lieferzeit muss die Hillmann OHG einhalten?

___

b) Wer trägt die Lieferkosten?

___

___

___

c) Welche Zahlungsbedingungen gelten für die Kampmann GmbH?

___

___

___

d) Wann geht das Eigentum der Ware auf die Kampmann GmbH über?

___

e) Welcher Ort ist Erfüllungsort?

___

___

___

7. Nach erfolgreichem Tagesgeschäft trifft Hillmann einen befreundeten Unternehmer im Biergarten. Als sie sich über ihre AGB unterhalten, sagt dieser: *„Weißt du Marc, für mich sind die Paragrafen 308 und 309 BGB praktisch gar nicht relevant, da meine Kunden in den allermeisten Fällen Unternehmen sind."* Nehmen Sie Stellung zu dieser Aussage.

___

___

___

___

___

HILLMANN OHG

Hillmann OHG – Sonnenstr. 96 – 44137 Dortmund
Kampmann GmbH
Industriering 44–46
22297 Hamburg

Ihr Zeichen:	sc
Ihre Nachricht vom:	20..-04-12
Unser Zeichen:	
Unsere Nachricht vom:	
Name:	Pierre Laschinsky
Telefon:	040 1551-13
E-Mail:	
Datum:	20..-04-16

Angebot

Sehr geehrter Herr Scheerer,

vielen Dank für Ihre Anfrage vom 12. April 20.. Wir bieten Ihnen wunschgemäß an:

500 Liter Lack 33 LM (perlweiß, hochdeckend)

Die Lieferzeit beträgt 5 Tage. Der Rechnungsbetrag ist innerhalb von 30 Tagen nach Rechnungseingang oder in 14 Tagen mit 3 % Skonto zu überweisen. Es gelten die Ihnen bekannten AGB.

Wir freuen uns auf Ihren Auftrag!

Mit freundlichem Gruß

Hillmann OHG

i. A. *Pierre Laschinsky*

Pierre Laschinsky

Sitz des Unternehmens
Sonnenstraße 96
44137 Dortmund
Geschäftsführung
Marc Hillmann

Kontakt
Telefon: 0231 1551-0
Telefax: 0231 1551-66
E-Mail: info@hillmann.com
Web: www.hillmann.com

Handelsregister
HRA 2466
Amtsgericht Dortmund

Bankverbindung
Commerzbank Dortmund
IBAN: DE22 5975 1678 9595 01
BIC: COBALHHXXX

6 Prüfen von Kaufverträgen auf Nichtigkeit und Anfechtbarkeit

ARBEITSAUFTRAG

Kreuzen Sie mithilfe der nachfolgenden Infotexte an, ob die Kaufverträge in den folgenden Fällen

a) nichtig,
b) anfechtbar,
c) weder nichtig noch anfechtbar sind,

und begründen Sie Ihre Meinung in Stichworten.

Fall	a)	b)	c)	Begründung
1. Die Kampmann GmbH bestellt Beschläge zum Preis von 69,99 € bei der Hillmann OHG, welche die Bestellung sofort bestätigt. Nach einer Woche möchte Hillmann den Vertrag für ungültig erklären, da dem neuen Verkäufer bei der Angebotserstellung versehentlich ein „Zahlendreher" unterlaufen sei, die Beschläge kosten tatsächlich 96,99 €.				
2. Kampmann schließt mit einem Maschinenhersteller einen mündlichen Kaufvertrag (CNC-Fräszentrum im Wert von 490.000,00 €), ein schriftlicher Vertrag wird nicht aufgesetzt.				
3. Der Kfz-Händler Moser hatte der Kampmann GmbH vor fünf Jahren einen gebrauchten Lkw im Wert von 25.000,00 € verkauft, welcher sich nun als Unfallfahrzeug herausstellt. Das aber hatte Moser beim Verkauf bewusst verschwiegen.				
4. Kampmann erhält von einem befreundeten Unternehmer das Angebot, ein benachbartes Grundstück zu kaufen. Beide schließen in einem persönlichen Gespräch einen mündlichen Kaufvertrag ab und besiegeln diesen mit Handschlag.				
5. Der Einkäufer der Kampmann GmbH bestellt 40 19-Zoll-Rahmen in der Annahme, ein Zoll entspreche zwei Zentimetern. Als die Rahmen geliefert werden, erkennt er seinen Irrtum und versucht, den Vertrag anzufechten.				
6. Bei der Angebotserstellung war einem Mitarbeiter der Kampmann GmbH ein Fehler in der Preiskalkulation unterlaufen, der zu einem Kaufvertrag mit einem deutlich zu geringen Preis führte. Kampmann will diesen Kaufvertrag mit Verweis auf den Irrtum seines Mitarbeiters anfechten.				
7. Der Einkäufer der Kampmann GmbH hat in Brandenburg Akazienholzbohlen eingekauft, von denen er irrtümlich glaubte, dass sie intensiv hitzebehandelt seien. Nun erfährt er, dass das nicht der Fall ist und möchte sich aus dem Vertrag lösen.				
8. Auf einem Betriebsausflug gibt sich Herr Scholl, Mitarbeiter der Kampmann GmbH, übermäßigem Alkoholgenuss hin und verkauft einem Mitarbeiter bei 3,5 Promille Blutalkoholgehalt und bester Stimmung sein Cabrio zu einem extrem geringen Preis. Tags darauf bereut er seine Entscheidung und hofft, dass der Vertrag nicht rechtswirksam ist.				
9. Bei der Kampmann GmbH geht per Fax ein Angebot der Yalux AG für Stehlampen ein, Stückpreis gemäß Faxausdruck: 39,99 €. Der Einkäufer der Kampmann GmbH bestellt tags darauf 50 Stück. Bei Eingang der Rechnung wird jedoch klar, dass der Verkäufer der Yalux AG tatsächlich 89,99 € eingegeben hatte und auch auf diesen Preis besteht.				

Infotext: Nichtigkeit und Anfechtbarkeit

Nichtige Verträge

Nichtige Verträge sind von Anfang an unwirksam, sie entfalten also zu keinem Zeitpunkt eine rechtliche Wirkung. Die Nichtigkeit von Rechtsgeschäften ist in folgenden Paragrafen des BGB geregelt:

§ 105 Nichtigkeit der Willenserklärung

(1) Die Willenserklärung eines Geschäftsunfähigen ist nichtig.

(2) Nichtig ist auch eine Willenserklärung, die im Zustand der Bewusstlosigkeit oder vorübergehender Störung der Geistestätigkeit abgegeben wird.

§ 117 Scheingeschäft

(1) Wird eine Willenserklärung, die einem anderen gegenüber abzugeben ist, mit dessen Einverständnis nur zum Schein abgegeben, so ist sie nichtig.

[...]

§ 118 Mangel an Ernstlichkeit

Eine nicht ernstlich gemeinte Willenserklärung, die in der Erwartung abgegeben wird, der Mangel der Ernstlichkeit werde nicht verkannt werden, ist nichtig.

§ 125 Nichtigkeit wegen Formmangels

Ein Rechtsgeschäft, welches der durch Gesetz vorgeschriebenen Form ermangelt, ist nichtig.

§ 134 Gesetzliches Verbot

Ein Rechtsgeschäft, das gegen ein gesetzliches Verbot verstößt, ist nichtig, wenn sich nicht aus dem Gesetz ein anderes ergibt.

§ 138 Sittenwidriges Rechtsgeschäft; Wucher

(1) Ein Rechtsgeschäft, das gegen die guten Sitten verstößt, ist nichtig.

(2) Nichtig ist insbesondere ein Rechtsgeschäft, durch das jemand unter Ausbeutung der Zwangslage, der Unerfahrenheit, des Mangels an Urteilsvermögen oder der erheblichen Willensschwäche eines anderen sich oder einem Dritten für eine Leistung Vermögensvorteile versprechen oder gewähren lässt, die in einem auffälligen Missverhältnis zu der Leistung stehen.

Anfechtbare Verträge

Anfechtbare Verträge sind Verträge, die rechtsgültig zustande gekommen sind, jedoch durch eine erfolgreiche Anfechtung durch eine der beiden Vertragsparteien rückwirkend nichtig werden. Die Anfechtbarkeit von Willenserklärungen ist in folgenden Paragrafen des BGB geregelt:

§ 119 Anfechtbarkeit wegen Irrtums

(1) Wer bei der Abgabe einer Willenserklärung über deren Inhalt im Irrtum war oder eine Erklärung dieses Inhalts überhaupt nicht abgeben wollte, kann die Erklärung anfechten, wenn anzunehmen ist, dass er sie bei Kenntnis der Sachlage und bei verständiger Würdigung des Falles nicht abgegeben haben würde.

(2) Als Irrtum über den Inhalt der Erklärung gilt auch der Irrtum über solche Eigenschaften der Person oder der Sache, die im Verkehr als wesentlich angesehen werden.

§ 119 (1) unterscheidet also zwei Varianten: den „Inhaltsirrtum“ und den „Erklärungsirrtum“:

- Beim Inhaltsirrtum erklärt der Erklärende zwar das, was er erklären wollte, jedoch irrt er in Sinn und Bedeutung seiner eigenen Erklärung (z. B. Bestellung von einem Dutzend Mobiltelefonen in der irrtümlichen Annahme, ein Dutzend seien 10 Stück).
- Beim Erklärungsirrtum stimmt das Erklärte mit dem Gewollten nicht überein (etwa, weil der Erklärende sich verschreibt oder verspricht).

§ 119 (2) bezieht sich auf Irrtümer hinsichtlich wichtiger Eigenschaften einer Sache oder Person (z. B. hält der Verkäufer ein Original irrtümlich für einen Nachdruck).

§ 120 Anfechtung wegen falscher Übermittlung

Eine Willenserklärung, welche durch die zur Übermittlung verwendete Person oder Einrichtung unrichtig übermittelt worden ist, kann unter der gleichen Voraussetzung angefochten werden wie nach § 119 eine irrtümlich abgegebene Willenserklärung.

§ 121 Anfechtungsfrist

(1) Die Anfechtung muss in den Fällen der §§ 119, 120 ohne schuldhaftes Zögern (unverzüglich) erfolgen, nachdem der Anfechtungsberechtigte von dem Anfechtungsgrund Kenntnis erlangt hat. Die einem Abwesenden gegenüber erfolgte Anfechtung gilt als rechtzeitig erfolgt, wenn die Anfechtungserklärung unverzüglich abgesendet worden ist.

(2) Die Anfechtung ist ausgeschlossen, wenn seit der Abgabe der Willenserklärung zehn Jahre verstrichen sind.

§ 123 Anfechtbarkeit wegen Täuschung oder Drohung

(1) Wer zur Abgabe einer Willenserklärung durch arglistige Täuschung oder widerrechtlich durch Drohung bestimmt worden ist, kann die Erklärung anfechten.

[...]

§ 124 Anfechtungsfrist

(1) Die Anfechtung einer nach § 123 anfechtbaren Willenserklärung kann nur binnen Jahresfrist erfolgen.

(2) Die Frist beginnt im Falle der arglistigen Täuschung mit dem Zeitpunkt, in welchem der Anfechtungsberechtigte die Täuschung entdeckt, im Falle der Drohung mit dem Zeitpunkt, in welchem die Zwangslage aufhört [...].

(3) Die Anfechtung ist ausgeschlossen, wenn seit Abgabe der Willenserklärung zehn Jahre verstrichen sind.

Kompaktwissen

Zustandekommen des Kaufvertrags (Verpflichtungsgeschäft)

- Antrag
- Annahme

Kaufvertragsinhalte		
Thema	**Vereinbarungen (Beispielklauseln)**	**Gesetzliche Regelung**
Art, Beschaffenheit und Güte der Ware	abhängig vom Produkt (z. B. Marken, Gütezeichen, Güteklassen, Typen, Normen, Proben)	Gattungsware: mittlere Art und Güte
Menge der Ware	abhängig vom Produkt (z. B. Stück, Liter usw.)	keine
Preis, Preisnachlässe	Preisnachlässe: Rabatte, Boni, Skonti	keine
Erfüllungsort (Leistungsort)	Erfüllungsort ist München.	Sitz des Schuldners (Ware: Verkäufer, Geld: Käufer)
Verpackungskosten	Reingewicht einschließlich Verpackung, Reingewicht ausschließlich Verpackung, brutto für netto	Aufmachung: Verkäufer Transport: Käufer
Beförderungskosten	ab Werk, unfrei, frei Waggon, frachtfrei, frei Haus	Käufer nach einem anderen Ort als dem Erfüllungsort
Lieferfrist	Lieferung sofort, Lieferung bis 20. Mai, Lieferung am 20. Mai, Lieferung am 20. Mai fix	sofortige Lieferung
Gefahrenübergang	Gefahrübergang bei Übergabe in Dortmund	bei Übergabe (Versendungskauf: bei Übergabe an Frachtführer)
Eigentumsübergang	Die Ware bleibt bis zur vollständigen Bezahlung Eigentum des Verkäufers.	Einigung und Übergabe (bei beweglichen Sachen)
Zahlungsfrist, Skonto	Zahlung vor Lieferung, Zahlung bei Lieferung, Zahlung in 30 Tagen, 3 % Skonto bei Zahlung innerhalb von 14 Tagen	sofortige Zahlung
Gerichtsstand	Gerichtsstand ist München. (freie Vereinbarung nur unter Kaufleuten möglich)	Erfüllungsort

Kaufvertragsarten			
rechtliche Stellung der Vertragspartner	**Art/Beschaffenheit der Ware**	**vereinbarte Lieferzeit**	**vereinbarte Zahlungszeit**
▪ zweiseitiger Handelskauf ▪ Verbrauchsgüterkauf ▪ bürgerlicher Kauf ▪ einseitiger Handelskauf	▪ Gattungskauf ▪ Stückkauf ▪ Kauf nach Probe ▪ Kauf auf Probe ▪ Spezieskauf ▪ Kauf in Bausch und Bogen	▪ Sofortkauf ▪ Terminkauf ▪ Fixkauf ▪ Kauf auf Abruf	▪ Barkauf ▪ Zielkauf ▪ Teilzahlungskauf ▪ Vorauszahlungskauf

Nichtigkeit und Anfechtbarkeit

- **Nichtige Verträge**: von Anfang an unwirksam
- **Anfechtbare Verträge**: ggf. rückwirkend nichtig

Vertiefungsaufgaben

1. Erläutern Sie, warum der Kaufvertrag als Verpflichtungsgeschäft bezeichnet wird.

2. Tragen Sie in die leeren Felder ein, wer beim Kaufvertrag Schuldner und wer Gläubiger ist.

	Ware	Geld
Käufer		
Verkäufer		

3. Die Hartmann KG, mittelständischer Hersteller von Kartoffelchips („Meisterchips") aus Hannover, benötigt aufgrund eines Ernteschadens ihres Stammlieferanten kurzfristig 800 kg Speisekartoffeln und sendet dem Gemüsegroßhandel Freese OHG aus Nienburg an der Weser am 4. Juni postalisch eine entsprechende Anfrage mit Bitte um Anlieferung der Ware. Die Freese OHG sendet am 7. Juni per Post ein verbindliches Angebot an die Hartmann KG über die Lieferung von 800 kg Speisekartoffeln zu einem Nettopreis von 1,50 € je kg (Reingewicht ohne Verpackung, Preis ohne Abzüge, Anlieferung mit eigenem Lkw). Am 12. Juni bestellt die Hartmann KG 800 kg Speisekartoffeln zu den angegebenen Konditionen. Am 19. Juni sendet die Freese OHG auf dem Postweg eine Auftragsbestätigung. Beantworten Sie die folgenden Fragen und begründen Sie in allen Fällen Ihre Meinung.

   a) Wie ist in diesem Fall der Kaufvertrag zustande gekommen?

   b) Um welche Art von Kaufvertrag handelt es sich hier? Berücksichtigen Sie die Ihnen bekannten Unterteilungskriterien.

   c) Die Hartmann KG stellt fest, dass Freese nur mittelmäßige Qualität geliefert hat. Daraufhin ruft Hartmann bei Freese an und teilt ihm diesen Umstand verärgert mit. Freese entgegnet, dass alles seine Richtigkeit habe, Hartmann solle sich mal nicht so aufregen. Welche Qualität hätte Freese liefern müssen?

   d) Wo ist in diesem Fall der Erfüllungsort?

   e) Die Transportkosten belaufen sich auf 79,00 €. Wer muss diese tragen?

   f) Wer ist Eigentümer der Kartoffeln nach Lieferung an die Hartmann KG, solange dieser die Ware noch nicht bezahlt hat?

   g) Welchen Betrag muss die Hartmann KG überweisen? (Hinweis: Kartoffeln fallen unter den ermäßigten Umsatzsteuersatz von 7 %, für die Transportleistung gilt der normale Umsatzsteuersatz in Höhe von 19 %.)

   h) Angenommen, der Lkw von Freese wäre kurz vor Hannover unverschuldet in einen Verkehrsunfall geraten, bei dem ein großer Teil der Ladung beschädigt worden wäre. Wer hätte in diesem Fall für den Schaden zu haften?

   i) Hartmann zahlt nur 80 % des Kaufpreises, da er mit der Qualität der Ware unzufrieden ist. Freese ist damit nicht einverstanden und will gerichtliche Schritte einleiten. Wo ist in diesem Fall der Gerichtsstand?

   j) Hätten die Vertragsparteien den Gerichtsstand frei vereinbaren können?

4. Ihnen liegen folgende Angaben vor: Rollgeld Anfuhr: 42,00 €, Verladekosten: 79,00 €, Frachtkosten: 199,00 €, Entladekosten: 59,00 €, Rollgeld Abfuhr: 36,00 €. Geben Sie an, wie viel der Käufer und wie viel der Verkäufer bei den angegebenen Versandklauseln zu tragen haben.

	ab Werk	unfrei	frei Waggon	frachtfrei	frei Haus
Verkäufer:					
Käufer:					
Summe:					

5. Das BGB setzt Grenzen für Allgemeine Geschäftsbedingungen (AGB) in Verträgen. Was versteht man in diesem Zusammenhang unter Klauselverboten mit Wertungsmöglichkeit (§ 308 BGB) und unter Klauselverboten ohne Wertungsmöglichkeit (§ 309 BGB)?

E Erfüllungsstörungen

Praxisfall „Kampmann GmbH“

1 Bearbeiten einer Nicht-Rechtzeitig-Lieferung

Für die Produktion der ersten Teillieferung der Sonnenliege Typ „Basic“ muss Herr Scheerer, Einkaufssachbearbeiter der Kampmann GmbH, 20 Bohlen Akazienholz beschaffen. Bei einer Internetrecherche stößt er auf ein Sonderangebot des ihm bislang nicht bekannten Holzgroßhändlers Rohde KG aus Schwerin und bestellt dort das Akazienholz (Nettowarenwert: 26.490,00 €). Seine Bestellung enthält u. a. den Hinweis: *„Wir benötigen die Ware für unsere Produktion bis spätestens 18. April 20.., die Einhaltung des Termins ist zentraler Bestandteil des Vertrags.“* Noch am selben Tag erhält er eine Auftragsbestätigung von der Rohde KG.

Am Vormittag des 19. April 20.. ist die Ware immer noch nicht geliefert. Als Scheerer bei Rohde anruft, entschuldigt sich dieser für die Verzögerung und erklärt, dass er selbst unerwartete Probleme mit seinem Zulieferer habe, die Ware jedoch in wenigen Tagen kommen werde. In einem anschließenden Telefonat mit dem Holzgroßhändler Sanders erfährt Scheerer, dass die Lieferung von Akazienholz dieser Art und Menge noch am selben Tage möglich sei, allerdings zu einem Nettowarenwert in Höhe von 29.900,00 €.

ARBEITSAUFTRÄGE

Bearbeiten Sie die Aufträge mithilfe des nachfolgenden Infotextes.

1. Prüfen Sie, ob die Voraussetzungen der Nicht-Rechtzeitig-Lieferung vorliegen. Begründen Sie Ihre Meinung.

2. Welche Rechte kann ein Käufer bei Vorliegen einer Nicht-Rechtzeitig-Lieferung grundsätzlich geltend machen und welche Fristen muss er dabei beachten?

3. Welches Recht sollte die Kampmann GmbH in diesem Fall in Anspruch nehmen? Begründen Sie Ihre Meinung.

4. Muss die Kampmann GmbH der Rohde KG eine Nachfrist setzen? Begründen Sie Ihre Meinung.

5. Ermitteln Sie die Schadenshöhe.

Infotext: Nicht-Rechtzeitig-Lieferung

Voraussetzungen

- **Fälligkeit (§ 271 BGB):** Fälligkeit ist der Zeitpunkt, von dem ab der Käufer die Übergabe der Kaufsache vom Verkäufer verlangen kann. Dieser Zeitpunkt wird in aller Regel zwischen dem Käufer und dem Verkäufer im Kaufvertrag vereinbart, andernfalls kann der Käufer die Übergabe der Kaufsache sofort verlangen.
- **Mahnung (§ 286 BGB):** Der Käufer muss dem Lieferanten eine Mahnung senden, es sei denn,
  - der vertraglich vereinbarte Liefertermin ist kalendermäßig bestimmt (z. B. *„Lieferung am 13. Mai 20..“*) oder bestimmbar (z. B. *„Lieferung innerhalb von 14 Tagen nach Bestelldatum“*).
  - der Verkäufer verweigert die Lieferung ernsthaft und endgültig („Selbstinverzugsetzung“),
  - es liegt ein Fixkauf oder ein Zweckkauf vor (z. B. Lieferung eines Hochzeitskleides).
- **Verschulden (§§ 280, 281 BGB):** Verschulden des Verkäufers ist eine Voraussetzung für das Recht des Käufers auf Schadensersatz. Verschulden bedeutet in diesem Zusammenhang, dass der Verkäufer durch vorsätzliches[1] oder fahrlässiges Handeln[2] seine Pflichten gemäß § 433 BGB aus dem Kaufvertrag verletzt hat. Im Fall nicht rechtzeitig gelieferter Gattungsware liegt grundsätzlich ein Verschulden vor, es sei denn, dass der Verkäufer unerwartet durch ein außergewöhnliches, schwerwiegendes und unvermeidliches Ereignis an der Lieferung gehindert wird (z. B. Blitzeinschlag im Betrieb des Verkäufers).

Rechte des Käufers

Rechte ohne Nachfrist

- **Auf Lieferung bestehen (§ 433 BGB):** Der Anspruch des Käufers besteht fort.
- **Schadensersatz wegen Verzögerung (§ 280 BGB)** kann der Käufer neben der Lieferung verlangen, wenn ihm ein Schaden entstanden ist und Verschulden des Verkäufers vorliegt.

Rechte nach erfolglosem Ablauf einer angemessenen Nachfrist

Die Frist gilt als „angemessen“, wenn sie dem Verkäufer Gelegenheit zur Erfüllung seiner Leistungspflicht gibt, ohne dass dieser die Ware erst noch herstellen oder beschaffen muss.

- **Rücktritt vom Vertrag (§ 323 BGB):** Der Käufer kann vom Vertrag zurücktreten, auch wenn kein Verschulden des Verkäufers vorliegt. Damit ist der Kaufvertrag (= Verpflichtungsgeschäft) aufgehoben. Ein Rücktritt ist jedoch nicht möglich, wenn die Pflichtverletzung unerheblich ist.
- **Schadensersatz statt der Leistung (§ 281 BGB):** Diesen kann der Käufer verlangen, wenn ihm ein Schaden entstanden ist und ein Verschulden des Verkäufers vorliegt. Der klassische Fall ist der sogenannte „Deckungskauf“, bei dem der Käufer die Ware von einem anderen Lieferanten zu höheren Preisen beziehen muss. Dieses Recht kann mit dem Recht auf Rücktritt vom Vertrag kombiniert werden (§ 325 BGB).

Die Nachfrist entfällt bei ernsthafter und endgültiger Leistungsverweigerung des Verkäufers sowie beim Fixkauf bzw. beim Zweckkauf.

Schadensermittlung

Grundsätzlich sind zwei Arten von Schäden zu unterscheiden:

- **Konkreter Schaden:** Dieser lässt sich rechnerisch exakt ermitteln (z. B. Mehrkosten bei Deckungskauf).
- **Abstrakter Schaden:** Dieser muss geschätzt werden (z. B. entgangener Gewinn).

Da Schadensersatzforderungen in der Praxis oft schwer durchsetzbar sind, wird in vielen Kaufverträgen eine **Vertragsstrafe (Konventionalstrafe)** für verspätete Lieferungen vereinbart (z. B. 400,00 € pro Tag).

---

1 Vorsätzlich handelt eine Person, wenn sie weiß, was sie tut, und das auch will.
2 Fahrlässig handelt eine Person dann, wenn sie die gehörige Sorgfalt außer Acht lässt.

2 Bearbeiten einer Schlechtleistung

Folgende Bestellung hatte die Kampmann GmbH bei der Brauer Metallwaren KG aufgegeben:

Bestellung (Auszug)

[...]

Hiermit bestellen wir folgende Artikel aus Ihrem Sortiment:

- 3.940 Stück Winkeleisen Typ WE 6020 (6 cm lang, 2 cm breit)
- 450 Stück Gelenke Typ CL 44
- 10.000 Stück Schrauben Typ A 01 (5 x 50 mm)
- 5.308 Stück Verbinder Typ TM 5 (3-teilig)
- 1.840 Stück Abdeckplatten Typ P 55 (5 x 5 cm, Stahl)

[...]

Folgende Artikel wurden der Kampmann GmbH termingerecht geliefert und sofort kontrolliert:

- 3.490 Winkeleisen Typ WE 6020 (6 cm lang, 2 cm breit), keine Mängel
- 450 Stück Gelenke Typ CL 44, mehrere Exemplare einer Stichprobe sind starr (unbeweglich) oder erzeugen beim Versuch der Drehung starken Widerstand und ungewöhnliche Geräusche
- 10.000 Stück Schrauben Typ A 03 (6 x 60 mm), keine Mängel
- 5.380 Stück Verbinder Typ TM 5 (3-teilig), keine Mängel
- 1.840 Stück Abdeckplatten Typ P 55 (5 x 5 cm, Stahl), einige Exemplare haben leichte Kratzer

ARBEITSAUFTRÄGE

Bearbeiten Sie die Arbeitsaufträge mithilfe des nachfolgenden Infotextes.

1. Prüfen Sie anhand der oben stehenden Bestellung, ob die gelieferten Artikel gemäß § 433 BGB frei von Sachmängeln sind, und begründen Sie Ihre Meinung.

Artikel	liegt ein Sachmangel vor?		wenn ja: Art des Sachmangels
	ja	nein	

2. Um welche Art von Mangel hinsichtlich der Erkennbarkeit handelt es sich jeweils?

3. Wie viel Zeit hat die Kampmann GmbH, die Ware zu prüfen und zu rügen – und warum?

4. Welche Rechte kann ein Käufer im Fall einer Schlechtleistung grundsätzlich in Anspruch nehmen und welche Rechte haben dabei Vorrang?

5. Die gelieferten Artikel sind für die Produktion im Folgequartal bestimmt. Brauer teilt Herrn Scheerer, dem Einkäufer der Kampmann GmbH, am Telefon mit, dass er mit Ausnahme der Gelenke und der Abdeckplatten alle Artikel im Lager habe. Die Gelenke seien frühestens in zwei bis drei Wochen lieferbar, die Abdeckplatten könne er leider nicht nachliefern, da der Hersteller sie nicht mehr führe. Herr Scheerer muss in weiteren Telefonaten feststellen, dass sowohl dieser Gelenktyp als auch diese Abdeckplatten bei anderen Großhändlern bis auf Weiteres nicht lieferbar sind.

Geben Sie zu den mangelhaften Artikeln an,

a) welches Recht die Kampmann GmbH in Anspruch nehmen sollte,
b) ob es sich um ein vorrangiges oder ein nachrangiges Recht handelt,
c) ob die Kampmann GmbH der Brauer Metallwaren KG eine Nachfrist einräumen muss.

Artikel	a) Recht	b) Rang des Rechtes	c) Nachfrist nötig?	Bemerkungen (optional)

Infotext: Schlechtleistung

Voraussetzung

Voraussetzung einer Schlechtleistung ist das **Vorliegen eines Sachmangels**. Ein Sachmangel liegt gemäß § 434 BGB (Neufassung) dann vor, wenn die Sache nicht

a) den **subjektiven Anforderungen** entspricht, die sich aus der vertraglichen Vereinbarung zwischen Käufer und Verkäufer ergeben. Das bedeutet, die Sache
  - hat nicht die *vertraglich vereinbarte* Beschaffenheit hinsichtlich Art, Menge, Qualität, Funktionalität, Kompatibilität, Interoperabilität[1] und sonstiger vereinbarter Merkmale bzw. Anforderungen,
  - eignet sich nicht für die *nach dem Vertrag vorausgesetzte* Verwendung,
  - wird nicht mit dem *vertraglich vereinbarten* Zubehör und den *vertraglich vereinbarten* Anleitungen (z. B. Montage- oder Installationsanleitungen) übergeben.

b) den **objektiven Anforderungen** entspricht, welche unabhängig vom Vertrag und damit allgemeiner Natur sind. Das bedeutet, die Sache
  - eignet sich nicht für die *gewöhnliche* Verwendung,
  - hat nicht die Beschaffenheit hinsichtlich Menge, Qualität, Haltbarkeit, Funktionalität, Kompatibilität, Sicherheit usw., die bei Sachen *derselben Art üblich sind* und die *der Käufer erwarten kann*,
  - entspricht nicht der Beschaffenheit einer Probe oder eines Musters, die oder das vom *Verkäufer vor Vertragsabschluss zur Verfügung gestellt wurde*,
  - wird nicht mit dem Zubehör einschließlich der Verpackung und den Anleitungen (z. B. zur Montage oder Installation) übergeben, deren Erhalt *der Käufer erwarten kann*.

c) den **Montageanforderungen** entspricht, sofern eine Montage durchzuführen ist. Das bedeutet, der Verkäufer hat eine Montage *unsachgemäß durchgeführt* oder eine *mangelhafte Montageanleitung übergeben*.

Merke: Ein Sachmangel liegt auch dann vor, wenn der Verkäufer eine andere Sache als die vertraglich geschuldete Sache liefert (Falschlieferung).

Pflichten des Käufers

Beim zweiseitigen Handelskauf muss der Käufer gemäß § 377 HGB folgende Pflichten erfüllen, um seine Gewährleistungsrechte in Anspruch nehmen zu können:

- **Prüfungspflicht:** Der Käufer hat die Ware sorgfältig und unverzüglich nach Anlieferung zu untersuchen. „Unverzüglich“ bedeutet „ohne schuldhaftes Verzögern“ und wird in das subjektive Ermessen des Käufers gestellt. Dieser darf also zuvor noch solche Aufgaben erledigen, die aus seiner Sicht Vorrang haben.
- **Rügepflicht:** Sachmängel sind dem Verkäufer mitzuteilen (Mängelrüge, Reklamation). Abhängig von der Erkennbarkeit des Mangels gilt:
  - **Offene Mängel** (bei Prüfung der Ware sofort erkennbar) sind unverzüglich zu rügen.
  - **Versteckte Mängel** (bei Prüfung der Ware nicht oder nicht gleich erkennbar) sind unverzüglich nach Entdeckung und spätestens innerhalb der zweijährigen Gewährleistungsfrist zu rügen. Fristbeginn ist der Termin der Übergabe der Sache.
  - **Arglistig verschwiegene Mängel** sind unverzüglich nach Entdeckung und spätestens innerhalb von 3 Jahren (regelmäßige Verjährungsfrist gemäß § 195 BGB) zu rügen. Fristbeginn ist der Ablauf des Jahres, in dem der Mangel entdeckt wurde.
- **Aufbewahrungspflicht:** Der Käufer muss die bemängelte Ware sachgerecht aufbewahren und dem Verkäufer zur Verfügung stellen.

Merke: Kommt ein Kaufmann seiner Prüfungs- und/oder seiner Rügepflicht nicht unverzüglich nach, verliert er seine Rechte aus der Schlechtleistung gegenüber dem Verkäufer.

1 Fähigkeit zum Zusammenspiel verschiedener Systeme

Rechte des Käufers

Vorrangige Rechte

Der Käufer muss dem Verkäufer zunächst die Möglichkeit zur Nacherfüllung einräumen, dazu muss er dem Verkäufer keine Frist setzen:

- **Nacherfüllung (§ 439 BGB):** Der Käufer kann auf Nacherfüllung bestehen. Dabei darf er zwischen **Nachbesserung** (Mangelbeseitigung) und **Ersatzlieferung** (Neu- bzw. Nachlieferung) frei wählen. Die mit der Nacherfüllung verbundenen Aufwendungen muss der Verkäufer tragen. Jedoch darf der Verkäufer die gewünschte Art der Nacherfüllung verweigern, wenn sie für ihn mit unverhältnismäßigen Kosten verbunden ist. Falls beide Arten der Nacherfüllung für ihn mit unverhältnismäßig hohen Kosten verbunden sind, darf er auch beide verweigern. In diesem Fall kann der Käufer auf die nachrangigen Rechte zurückgreifen. Eine Nachbesserung gilt gemäß § 440 BGB nach dem erfolglosen zweiten Versuch als fehlgeschlagen.
- **Schadensersatz neben der Leistung (§ 280 BGB)** kann der Käufer verlangen, wenn diesem ein Schaden entstanden ist und ein Verschulden des Verkäufers vorliegt. Verschulden bedeutet in diesem Zusammenhang, dass der Verkäufer durch vorsätzliches oder fahrlässiges Handeln seine Pflichten gemäß § 433 BGB aus dem Kaufvertrag verletzt hat.

Nachrangige Rechte

Nach erfolglosem Ablauf einer angemessenen Nachfrist stehen dem Käufer nachfolgende Rechte zu:

- **Minderung (§ 441 BGB):** Der Käufer hat das Recht auf eine angemessene Herabsetzung des ursprünglichen Kaufpreises, auch wenn der Mangel unerheblich ist (z. B. Kratzer im Lack). Der Käufer kann im Schadensfall und bei Verschulden des Verkäufers zusätzlich „Schadensersatz neben der Leistung“ verlangen.
- **Rücktritt vom Vertrag (§ 323 BGB):** Der Käufer kann vom Vertrag zurücktreten, auch wenn kein Verschulden des Verkäufers vorliegt. Ein Rücktritt ist jedoch nicht möglich, wenn der Mangel unerheblich ist.
- **Schadensersatz statt der Leistung (§ 281 BGB)** kann der Käufer verlangen, wenn ihm ein Schaden entstanden ist (z. B. die Verschmutzung einer Tapete aufgrund unkontrollierten Dampfaustritts bei einer neu gelieferten Espressomaschine) und ein Verschulden des Verkäufers vorliegt. Verschulden bedeutet in diesem Zusammenhang, dass der Verkäufer durch vorsätzliches oder fahrlässiges Handeln seine Pflichten gemäß § 433 BGB aus dem Kaufvertrag verletzt hat. Dieses Recht kann mit dem Recht auf Rücktritt vom Vertrag kombiniert werden (§ 325 BGB).

Die Nachfrist entfällt gemäß § 440 BGB nach verweigerter, fehlgeschlagener oder unzumutbarer Nachbesserung, bei ernsthafter und endgültiger Leistungsverweigerung des Verkäufers sowie bei Fix- oder Zweckkauf.

Besonderheiten beim Verbrauchsgüterkauf

Keine Pflicht zur unverzüglichen Prüfung und Rüge (§ 438 BGB)

Verbraucher können jeden Sachmangel zu einem beliebigen Zeitpunkt innerhalb der Gewährleistungsfrist von zwei Jahren (bzw. drei Jahren bei arglistig verschwiegenen Mängeln) rügen. Die gesetzliche Frist kann durch eine vertraglich vereinbarte Garantie verlängert werden.

Unwirksamkeit von Vereinbarungen zum Nachteil des Verbrauchers (§ 475 BGB)

Vereinbarungen zwischen Verkäufer und Käufer, die abweichend von den oben genannten Regelungen zum Nachteil des Verbrauchers getroffen wurden, sind unwirksam.

Beweislastumkehr (§ 476 BGB)

Zeigt sich ein Sachmangel innerhalb von zwölf Monaten, so wird im Zweifelsfall grundsätzlich zu Gunsten des Verbrauchers vermutet, dass die Sache bereits bei Gefahrübergang mangelhaft war. Ist der Verkäufer anderer Meinung, hat er diese zu beweisen. Nach Ablauf von zwölf Monaten muss allerdings der Verbraucher dem Verkäufer beweisen, dass der Mangel bereits bei Gefahrübergang bestanden hat.

3 Bearbeiten eines Annahmeverzugs

Am 27. April 20.. wird die erste Teillieferung der Sonnenliegen vertragsgemäß an die Hotelkette ARTAMISHOTELS GmbH in Frankfurt (Main) geliefert. Die Lieferung erfolgt mit dem betriebseigenen Lkw der Kampmann GmbH, deren Fahrer auf dem Rückweg in Kassel auch noch eine größere Ladung Sitzauflagen abholen soll. Als der Lkw am Vormittag kurz nach 11:30 Uhr das Zentrallager der Hotelkette erreicht, wird er vom Lagermitarbeiter an der Schranke gestoppt mit dem Hinweis, er dürfe die Ware nicht annehmen. Verärgert ruft der Fahrer den Verkaufsmitarbeiter der Kampmann GmbH, an und teilt ihm den Vorfall mit. Als dieser daraufhin in der Einkaufsabteilung der ARTAMISHOTELS GmbH nachfragt, erfährt er, dass der Einkäufer, Herr Kranz, den Lagermitarbeiter angewiesen hatte, die Ware nicht anzunehmen. Kranz täte es sehr leid, dass er sich nicht schon früher gemeldet habe, aber er müsse den Kaufvertrag mit der Kampmann GmbH über die 460 Sonnenliegen leider wegen Irrtums anfechten. Er habe sich bei seiner Entscheidung für die Kampmann GmbH geirrt, denn es gäbe einen anderen Lieferanten, der die gleichen Sonnenliegen deutlich preiswerter anbiete.

ARBEITSAUFTRÄGE

Bearbeiten Sie die Aufträge mithilfe des nachfolgenden Infotextes.

1. Kann der Einkäufer der ARTAMISHOTELS GmbH den Kaufvertrag mit der Kampmann GmbH mit der oben angegebenen Begründung anfechten? Begründen Sie Ihre Meinung.

___

___

2. Prüfen Sie, ob ein Annahmeverzug vorliegt, und begründen Sie Ihre Meinung.

___

___

___

3. Welche Rechte kann ein Verkäufer im Fall des Annahmeverzugs grundsätzlich geltend machen?

___

___

4. Welches Recht sollte die Kampmann GmbH in Anspruch nehmen? Begründen Sie Ihre Meinung.

___

___

___

5. Wer trägt die Kosten, die in diesem Fall entstehen?

___

6. Als der Lkw der Kampmann GmbH das Gelände der ARTAMISHOTELS GmbH unverrichteter Dinge wieder verlässt, kommt es unerwartet zu starken Sturmböen, die einen Baum auf die Fahrbahn stürzen lassen. Dadurch wird ein Verkehrsunfall verursacht, in den auch der Lkw der Kampmann GmbH gerät, zahlreiche Sonnenliegen werden dabei stark beschädigt. Wer haftet für den Schaden? Begründen Sie Ihre Meinung.

___

___

Infotext: Annahmeverzug

Voraussetzungen

- **Fälligkeit (§ 271 BGB):** Der vertraglich vereinbarte oder gesetzlich bestimmbare Liefertermin muss erreicht sein.
- **Ordnungsgemäßes Angebot (§§ 294, 295 BGB):** Der Verkäufer bietet die Ware **tatsächlich** so an, wie vertraglich vereinbart, er stellt sie also zur rechten Zeit am rechten Ort bereit. Ein **wörtliches Angebot** reicht dagegen aus, wenn der Käufer erklärt hat, dass er die Ware nicht annehmen werde oder eine Handlung des Käufers erforderlich ist (z. B. Anprobe bei einem Maßanzug).
- **Verweigerung der Warenannahme (293 BGB):** Der Käufer nimmt die Ware nicht an oder unterlässt eine entsprechende Mitwirkungspflicht (z. B. Öffnen des Tores des Betriebsgeländes). Das gilt auch dann, wenn ihn kein Verschulden trifft.

Wirkungen

Die Haftung des Verkäufers wird eingeschränkt und die des Käufers erweitert:

- **Haftungseinschränkung (§ 300 I BGB):** Der Verkäufer haftet nur noch für Vorsatz und grobe Fahrlässigkeit (*z. B. Abstellen von Mehlsäcken im Regen vor der Fabrik des Käufers*).
- **Gefahrübergang bei Gattungsware (§ 300 II BGB):** Im Fall von Gattungsware geht die Gefahr des zufälligen Untergangs und der zufälligen Verschlechterung mit Eintritt des Annahmeverzugs auf den Käufer über.[1]

Rechte des Verkäufers

Der Annahmeverzug kommt in der Praxis nur sehr selten vor. Anders als bei der Nicht-Rechtzeitig-Lieferung gerät hier nicht der Schuldner, sondern der Gläubiger in Verzug („Gläubigerverzug"). Der Verkäufer hat in diesem Fall folgende Rechte:

- **Hinterlegung der Ware (§ 373 I HGB, 304 BGB):** Der Verkäufer kann die Ware auf Gefahr und Kosten des Käufers in einem öffentlichen Lagerhaus oder sonst in sicherer Weise hinterlegen. Darüber hinaus steht ihm eins der folgenden Rechte zu:
- **Klage auf Abnahme (§ 433 BGB):** Der Verkäufer kann auf Abnahme der Ware durch den Käufer klagen.
- **Selbsthilfeverkauf (§§ 383, 385 BGB, 373 II-V HGB):** Der Verkäufer darf den Verkauf der Ware an Dritte auf einem der folgenden Wege veranlassen:
  - **Öffentliche Versteigerung:** Der Verkäufer darf die Ware durch eine befugte Person (z. B. Gerichtsvollzieher) öffentlich versteigern lassen. Er muss dem Käufer Zeit und Ort der Versteigerung mitteilen, Verkäufer und Käufer dürfen dort mitbieten.
  - **Freihändiger Verkauf:** Der Verkäufer darf Waren mit einem bestimmbaren Börsen- oder Marktpreis (z. B. Metalle, Kaffee, Getreide) durch eine befugte Person (z. B. öffentlich ermächtigter Handelsmakler) frei verkaufen lassen.

Der Selbsthilfeverkauf ist dem Käufer frühzeitig anzudrohen. Die Androhung ist entbehrlich, wenn die Ware dem Verderb ausgesetzt und Gefahr in Verzug ist. Der Selbsthilfeverkauf erfolgt für Rechnung des säumigen Käufers. Der Verkäufer hat den Käufer über das Ergebnis des vollzogenen Selbsthilfeverkaufs unverzüglich zu benachrichtigen. Tut er das nicht, ist er zum Schadensersatz verpflichtet. Die Kosten des Selbsthilfeverkaufs und die Mindereinnahmen trägt der Käufer, eventuelle Mehrerlöse kommen ihm zugute.

1 Zur Erinnerung: Grundsätzlich geht die Gefahr mit Übergabe auf den Käufer über (siehe Seite 71).

4 Bearbeiten einer Nicht-Rechtzeitig-Zahlung

Zur Zufriedenheit aller Beteiligten konnte die ARTAMISHOTELS GmbH die internen Missverständnisse rasch aufklären: Innerhalb weniger Tage wurde die erste Teillieferung der Sonnenliegen abgenommen und auch bezahlt. Vertragsgemäß erfolgt am 5. Mai 20.. die zweite Teillieferung der Kampmann GmbH. Der im Kaufvertrag vereinbarte Zahlungstermin ist der 5. Juni 20.., die zugehörige Rechnung liegt der Lieferung bei. Am 12. Juni 20.. stellt die Buchhaltung der Kampmann GmbH fest, dass die ARTAMISHOTELS GmbH die zweite Teillieferung noch nicht bezahlt hat. Der Rechnungsbetrag beläuft sich auf 62.475,00 €.

ARBEITSAUFTRÄGE

Bearbeiten Sie die Arbeitsaufträge mithilfe der beiden nachfolgenden Infotexte.

1. Prüfen Sie, ob die Voraussetzungen der Nicht-Rechtzeitig-Zahlung vorliegen, und begründen Sie Ihre Meinung.

2. Welche Rechte kann ein Verkäufer bei Vorliegen der Nicht-Rechtzeitig-Zahlung grundsätzlich geltend machen und welche Fristen muss er dabei beachten?

3. Als die Kampmann GmbH die Zahlung anmahnt, bedauert die ARTAMISHOTELS GmbH den Vorfall noch am selben Tage und kündigt an, die Rechnung so bald wie möglich zu bezahlen. Welches Recht sollte die Kampmann GmbH in diesem Fall in Anspruch nehmen, wenn sie keinen anderen Abnehmer für die Ware hat? Begründen Sie Ihre Meinung.

4. Erst am 29. Juli begleicht die ARTAMISHOTELS GmbH die Rechnung. Ermitteln Sie die Verzugszinsen unter der Annahme, dass der Basiszinssatz EZB –0,88 % beträgt.

5. Angenommen, die ARTAMIS GmbH hätte die Rechnung nicht bezahlt und die Kampmann GmbH hätte ein gerichtliches Mahnverfahren in die Wege geleitet. Bei welchem Gericht müsste der Mahnbescheid beantragt werden und welches Gericht wäre im Fall einer gerichtlichen Klage zuständig?

Infotext: Nicht-Rechtzeitig-Zahlung

Voraussetzungen

- **Fälligkeit (§ 271 BGB):** Fälligkeit ist der Zeitpunkt, von dem ab der Verkäufer die Zahlung des Kaufpreises verlangen kann. Dieser Zeitpunkt wird in aller Regel zwischen dem Verkäufer und dem Käufer im Kaufvertrag vereinbart, andernfalls kann der Verkäufer die Bezahlung des Kaufpreises sofort verlangen (§ 271 BGB).
- **Mahnung (§ 286 BGB):** Der Verkäufer muss dem Käufer eine Mahnung[1] senden, es sei denn,
  - der vertraglich vereinbarte Zahlungstermin ist kalendermäßig bestimmt (z. B. „zahlbar bis zum 20. Juni 20..") oder bestimmbar („Zahlung 14 Tage nach Rechnungsdatum").
  - der Käufer verweigert die Zahlung ernsthaft und endgültig („Selbstinverzugsetzung").

  Der Käufer gerät auch ohne Mahnung automatisch in Zahlungsverzug, wenn er nicht innerhalb von 30 Tagen nach Fälligkeit und Zugang der Rechnung den Kaufpreis bezahlt. Geht die Rechnung erst nach Fälligkeit zu, beginnt die Frist mit ihrem Zugang. Diese automatische Regelung gilt gegenüber Verbrauchern nur dann, wenn in der Rechnung besonders darauf hingewiesen wurde.

Rechte des Verkäufers

Rechte ohne Nachfrist

- **Auf Zahlung bestehen (§ 433 BGB):** Der Anspruch besteht fort.
- **Schadensersatz wegen Verzögerung (§ 280 BGB):** Neben der Zahlung kann der Verkäufer Verzugszinsen (siehe unten) und einen angemessenen Ersatz des Verzögerungsschadens (z. B. Verwaltungs-, Anwalts- und Inkassokosten) verlangen.

Rechte nach erfolglosem Ablauf einer angemessenen Nachfrist

Die Frist gilt als „angemessen", wenn sie dem Käufer ausreichend Zeit zur Zahlung lässt.

- **Rücktritt vom Vertrag (§ 323 BGB):** Der Verkäufer kann vom Vertrag zurücktreten, der Käufer hat die Ware an den Verkäufer herauszugeben.
- **Schadensersatz statt der Leistung (§ 281 BGB)** kann der Verkäufer dann verlangen, wenn ihm ein erheblicher Schaden entstanden ist (z. B. durch Rücknahme und Verkauf der Ware zu einem geringeren Kaufpreis, der Schaden beläuft sich dann auf die Preisdifferenz). Hinzu kommen sonstige Verzugskosten (z. B. Verzugszinsen, Verwaltungskosten, Anwaltskosten). Dieses Recht kann mit dem Recht auf Rücktritt vom Vertrag kombiniert werden (§ 325 BGB).

Die Nachfrist entfällt bei ernsthafter und endgültiger Leistungsverweigerung des Käufers.

Verzugszinsen

- **Gesetzliche Regelung:** Der gesetzliche Verzugszinssatz beträgt neun (beim Verbrauchsgüterkauf fünf) Prozentpunkte über dem jeweiligen Basiszinssatz der EZB (§ 288 I, II BGB). Sofern dem Verkäufer höhere Zinsen entstanden sind (z. B. wegen einer durch den Zahlungsausfall erforderlichen Kreditaufnahme), so kann er diese vom Käufer verlangen (§ 288 III BGB).
- **Vertragliche Regelung:** Käufer und Verkäufer können im Kaufvertrag die Höhe der Verzugszinsen abweichend von der gesetzlichen Regelung vertraglich frei vereinbaren.

1 Der Mahnung stehen die Zustellung eines gerichtlichen Mahnbescheids sowie die Erhebung auf Klage gleich (§ 286 I BGB)

Infotext: Außergerichtliches und gerichtliches Mahnverfahren

Außergerichtliches Mahnverfahren

Begleicht der Käufer seine Rechnung nicht fristgerecht, erhält er in aller Regel vom Verkäufer zunächst eine höfliche Zahlungserinnerung und in den folgenden Wochen zunehmend deutliche Mahnungen. Oftmals werden nach zwei erfolglosen Mahnungen weitere Schritte angedroht, wie etwa die Einschaltung eines Inkassobüros, eines Rechtsanwalts oder die Einleitung eines gerichtlichen Mahnverfahrens. Die verbreitete Aussage, der Gläubiger müsse den Schuldner dreimal mahnen, bevor er ein gerichtliches Mahnverfahren einleiten könne, ist jedoch unzutreffend. Der Gläubiger könnte auch sofort nach Fälligkeit ein gerichtliches Mahnverfahren einleiten, aber das wäre kein guter kaufmännischer Stil.

Gerichtliches Mahnverfahren (ZPO §§ 688 ff.)

Das gerichtliche Mahnverfahren ist ein offizielles Verfahren unter Einschaltung staatlicher Gerichte, welches gesetzlich in der Zivilprozessordnung (§ 688 ff. ZPO) geregelt ist. Es sieht folgende Schritte vor:

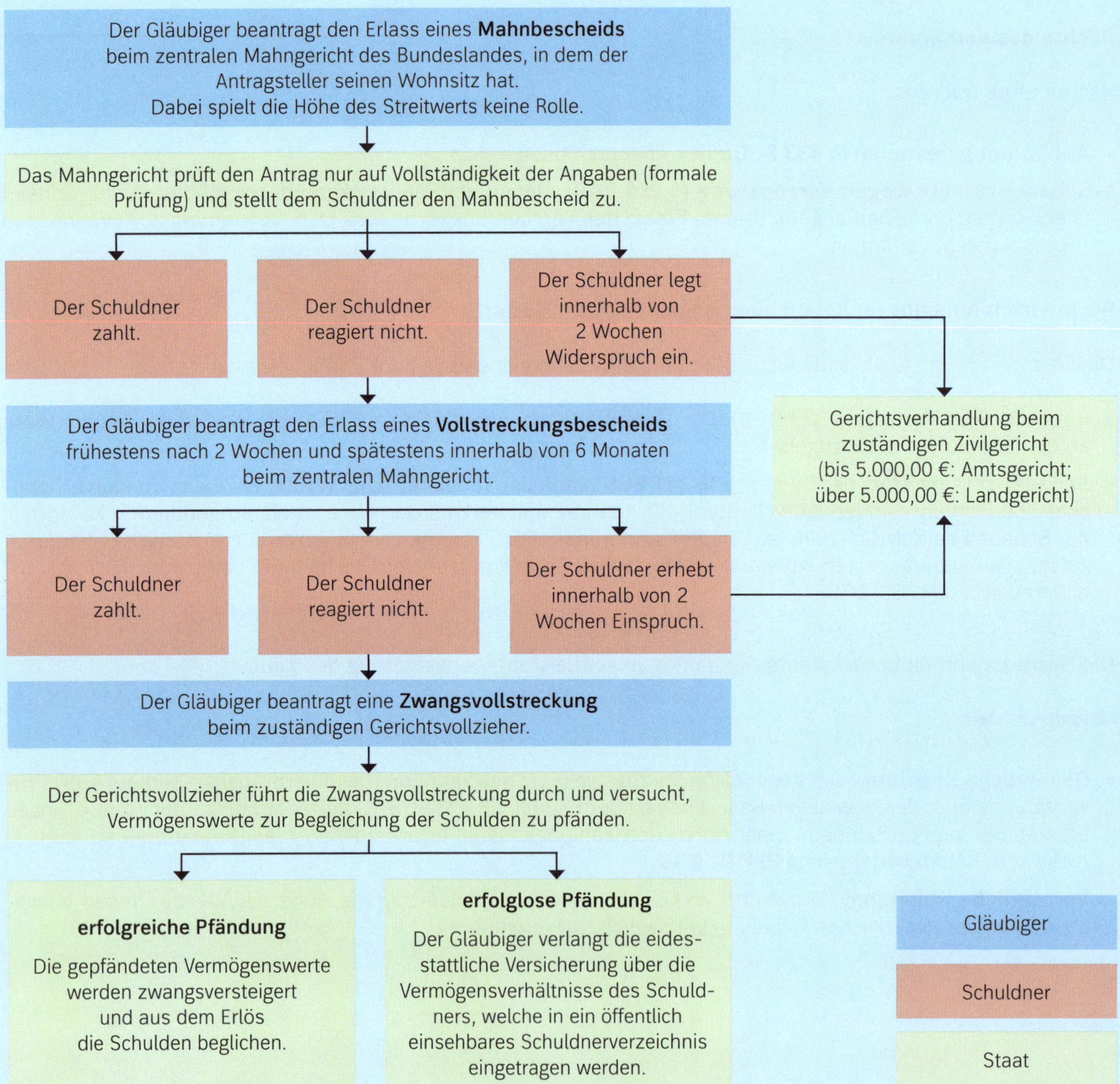

5 Prüfen gesetzlicher Verjährungsfristen

Am 26. September 2019 bemerkt Frau Diesel, Controllerin der Kampmann GmbH, dass die Hotelkette ARTAMISHOTELS GmbH die dritte Teillieferung der Sonnenliegen noch nicht bezahlt hat. Die Lieferung war vertragsgemäß am 19. Mai 2018 erfolgt, vertraglich vereinbartes Zahlungsziel war der 19. Juni 2018. Die Kampmann GmbH hatte der ARTAMISHOTELS GmbH zwar zwei Mahnungen zugesandt, jedoch versäumt, den Zahlungseingang zu überprüfen. Nun soll geklärt werden, ob die Forderung noch besteht oder bereits verjährt ist.

ARBEITSAUFTRÄGE

Bearbeiten Sie die Arbeitsaufträge mithilfe des nachfolgenden Infotextes.

1. Zunächst soll der Sachverhalt sorgfältig analysiert werden.

a) Welche Art von Verjährungsfrist liegt hier vor und wie lange dauert diese?

____

b) Bestimmen Sie folgende Kalendertermine und stellen Sie diese auf dem Zeitstrahl grafisch dar.

- Entstehung des Anspruchs gegenüber der ARTAMISHOTELS GmbH: ____________
- Beginn der Verjährungsfrist der Geldforderung: ____________
- Ende der Verjährungsfrist der Geldforderung: ____________

c) Was bedeutet das für die Kampmann GmbH in diesem Fall?

____

____

2. Als die Kampmann GmbH die ARTAMISHOTELS GmbH am 27. September 2019 an die versäumte Zahlung erinnert, entgegnet diese, die Höhe des Kaufpreises sei aus mehreren Gründen überhöht, und verlangt eine Nachverhandlung. Die Kampmann GmbH stimmt zu, Verhandlungsbeginn ist der 10. Oktober 2019. Am 24. Januar 2020 bricht die Kampmann GmbH die Nachverhandlungen jedoch mangels Aussicht auf Einigung ab. Erläutern Sie die Auswirkung auf die Verjährung und stellen Sie Ihr Ergebnis grafisch dar.

____

____

3. Angenommen, die ARTAMISHOTELS GmbH hätte keine Nachverhandlung verlangt und stattdessen am 10. Oktober 2019 eine Abschlagszahlung in Höhe von 50 % des Kaufpreises überwiesen. Erläutern Sie für diesen Fall die Auswirkung auf die Verjährungsfrist und stellen Sie diese grafisch dar.

____

____

Infotext: Verjährung

Grundlagen

Erfüllt ein Schuldner seine vertraglichen Pflichten nicht, so hat der Gläubiger nicht beliebig viel Zeit, seine Rechte wahrzunehmen, da seine Forderungen ab einem bestimmen Zeitpunkt verjähren. Unter „Verjährung" versteht man den Ablauf einer gesetzlich festgelegten Frist, innerhalb derer ein zivilrechtlicher Anspruch gerichtlich geltend gemacht werden kann. Ein verjährter Anspruch kann nicht mehr eingeklagt werden.

Regelmäßige Verjährungsfrist

Die regelmäßige Verjährungsfrist beträgt drei Jahre (§ 195 BGB) und gilt immer dann, wenn das BGB für einen Anspruch keine besondere Verjährungsfrist vorsieht. Sie gilt unter anderem für:

- Ansprüche auf Lieferung und Zahlung aus Kaufverträgen und Werkverträgen
- regelmäßig wiederkehrende Forderungen (Miete, Lohn- und Gehaltsforderungen usw.)
- Forderungen aus arglistig verschwiegenen Mängeln (§ 438 III BGB)

Die regelmäßige Verjährungsfrist beginnt am Ende des Jahres, in dem der Anspruch entstanden ist, bzw. am Ende des Jahres, in dem ein arglistig verschwiegener Mangel bemerkt wurde (§ 199 BGB).

Beispiel: Die Geldforderung eines Herstellers gegen einen Großhändler ist vertragsgemäß am 1. August 2020 fällig. Die Verjährungsfrist beginnt am 31. Dezember 2020 um 24 Uhr und endet am 31. Dezember 2023 um 24 Uhr. Ab dem 1. Januar 2024 ist die Forderung verjährt.

Besondere Verjährungsfristen (Beispiele)

Frist	Anspruch	Fristbeginn	BGB
2 Jahre	aus Mangel (Schlechtleistung) beim Kaufvertrag	Übergabe der Sache	§ 438
	aus Mangel (Schlechtleistung) beim Werkvertrag	Abnahme des Werkes	§ 634a
5 Jahre	aus Mangel (Schlechtleistung) aus dem Kauf von Bauwerken	Abnahme des Werkes	§ 438
10 Jahre	aus Rechten an Grundstücken (z. B. das Recht auf Eigentumsübertragung)	Entstehung des Anspruchs	§ 196
30 Jahre	aus rechtskräftigen Vollstreckungsbescheiden in gerichtlichen Mahnverfahren	rechtskräftige Feststellung des Anspruchs	§§ 197, 201
	aus rechtskräftigen Urteilen in Klageverfahren		
	aus rechtskräftig festgestellten Forderungen in Insolvenzverfahren		

Während beim zweiseitigen Handelskauf abweichende vertragliche Vereinbarungen möglich sind, gilt für den Verbrauchsgüterkauf (§ 475 BGB):

- Abweichende Vereinbarungen zum Nachteil des Verbrauchers sind unwirksam.
- Die gesetzliche Verjährungsfrist der Sachmängelhaftung von mindestens zwei Jahren (von gebrauchten Sachen von mindestens einem Jahr) darf nicht unterschritten werden.

Hemmung der Verjährung

Zum Schutz des Gläubigers wird die Verjährungsfrist unter bestimmten Voraussetzungen angehalten („gehemmt") und läuft erst nach Beendigung dieser Hemmung weiter. Der Zeitraum, in dem die Verjährung gehemmt ist, wird nicht in die Verjährungsfrist eingerechnet (§ 209 BGB). Die Verjährung wird also um den Zeitraum der Hemmung verlängert. Wichtige Gründe einer Hemmung sind:

- **Schwebende Verhandlungen (§ 203 BGB):** Die Verjährung ist gehemmt, solange außergerichtliche Verhandlungen im Sinne eines ernsthaften Meinungsaustausches zwischen Schuldner und Gläubiger über die Berechtigung des Anspruchs stattfinden, bis einer der Verhandlungspartner die Fortsetzung der Verhandlung verweigert. Die Verjährung tritt frühestens drei Monate nach dem Ende der Hemmung ein.
- **Berechtigte Leistungsverweigerung (§ 205 BGB):** Die Verjährung ist gehemmt, solange der Schuldner aufgrund einer Vereinbarung mit dem Gläubiger (z. B. Vereinbarung der Stundung einer Zahlung) vorübergehend zur Verweigerung der Leistung berechtigt ist.
- **Höhere Gewalt (§ 206 BGB):** Die Verjährung ist gehemmt, solange der Gläubiger durch höhere Gewalt (z. B. Stillstand der Rechtspflege) innerhalb der letzten sechs Monate der Verjährungsfrist an der Rechtsverfolgung gehindert ist.

Beispiel: Fälligkeit des Anspruchs auf Zahlung des Kaufpreises am 1. August 2020, Beginn der regelmäßigen Verjährungsfrist am 31. Dezember 2020 um 24 Uhr, Hemmung der Verjährung durch fünfmonatige Verhandlungen zwischen Gläubiger und Schuldner ab 1. April 2022 bis zur Fortsetzung der Verjährung

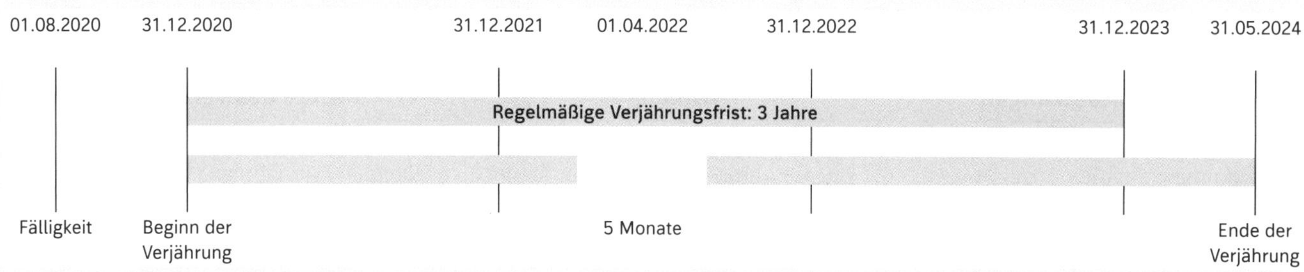

Neubeginn der Verjährung

Die Verjährung beginnt gemäß § 212 BGB in voller Länge erneut, wenn

- der Schuldner durch tatsächliches Verhalten gegenüber dem Gläubiger dessen Anspruch in voller Höhe anerkennt, etwa in Form einer Abschlagszahlung, einer Zinszahlung oder einer Sicherheitsleistung. Die Verjährung beginnt am Folgetag der Abgabe des Anerkenntnisses.
- eine gerichtliche oder behördliche Vollstreckungshandlung (Zwangsvollstreckung durch einen Gerichtsvollzieher) vorgenommen oder beantragt wird. Die Verjährung beginnt am Folgetag der Vollstreckung bzw. der Antragstellung.

Beispiel: Fälligkeit des Anspruchs auf Zahlung des Kaufpreises am 1. August 2020, Beginn der regelmäßigen Verjährungsfrist am 31. Dezember 2020 um 24 Uhr, Bitte um Zahlungsaufschub des Schuldners am 1. April 2022, Neubeginn der Verjährungsfrist am 2. April 2022, Ende der Verjährung am 2. April 2025

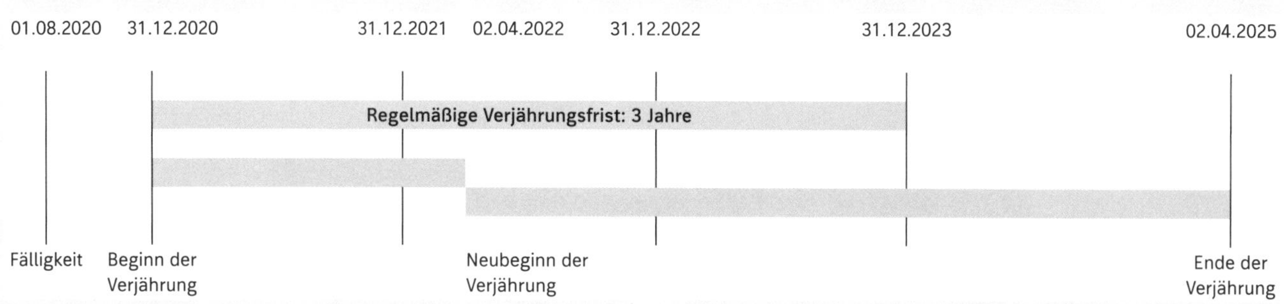

Kompaktwissen

Nicht-Rechtzeitig-Lieferung		
Voraussetzungen	**Rechte des Käufers**	
	ohne Nachfrist	**nach erfolglosem Ablauf einer angemessenen Nachfrist**
■ Fälligkeit ■ Mahnung (Ausnahmen) ■ Verschulden	■ Bestehen auf Lieferung ■ Schadensersatz wegen Verzögerung	■ Rücktritt ■ Schadensersatz statt der Leistung

Schlechtleistung		
Voraussetzungen	**Rechte des Käufers**	
■ Vorliegen eines Sachmangels	**vorrangige**	**nachrangige**
Pflichten des Käufers	■ Nacherfüllung • Nachbesserung • Neulieferung ■ Schadensersatz neben der Leistung	■ Minderung ■ Rücktritt ■ Schadensersatz statt der Leistung
■ Prüfungspflicht ■ Rügepflicht ■ Aufbewahrungspflicht		

Annahmeverzug		
Voraussetzungen	**Wirkungen**	**Rechte des Verkäufers**
■ Fälligkeit ■ ordnungsgemäßes Angebot ■ Verweigerung der Warenannahme	■ Haftungseinschränkung ■ Gefahrübergang auf den Käufer	■ Hinterlegung der Ware ■ Klage auf Abnahme ■ Selbsthilfeverkauf • öffentliche Versteigerung • freihändiger Verkauf

Nicht-Rechtzeitig-Zahlung		
Voraussetzungen	**Rechte des Verkäufers**	
	ohne Nachfrist	**nach erfolglosem Ablauf einer angemessenen Nachfrist**
■ Fälligkeit ■ Mahnung (Ausnahmen)	■ Bestehen auf Zahlung ■ Schadensersatz wegen Verzögerung	■ Rücktritt ■ Schadensersatz statt der Leistung

Verjährungsfristen	
Allgemeine Verjährungsfrist	**Besondere Verjährungsfristen**
Dauer: 3 Jahre Fristbeginn: Jahresende	Dauer und Fristbeginn: abhängig von der Art des Anspruchs

Hemmung und Neubeginn	
Hemmung	**Neubeginn**
Die Verjährungsfrist wird unterbrochen, der Unterbrechungszeitraum wird am Ende der Frist angehängt.	Die Frist beginnt von Neuem zu laufen.

Vertiefungsaufgaben

1. Die Laube AG beliefert die Gastronomie mit Elektrogeräten. Für die Fertigung einer Serie Spezialkühlschränke benötigt das Unternehmen 120 Elektromotoren. Gemäß Produktionsplan der Laube AG beginnt die Fertigung der Kühlschränke am 16. August 20... Am 25. Juni 20... bestellt der Einkauf bei der Voss GmbH 120 Elektromotoren, die für die Fertigung der Kühlschränke benötigt werden, die Lieferung soll bis zum 12. August 20.. erfolgen. Die Voss GmbH bestätigt den Auftrag am folgenden Werktag. Am 13. August 20.. sind die Elektromotoren jedoch immer noch nicht geliefert. Auf Nachfrage teilt die Voss GmbH der Laube AG mit, die Lieferung werde sich leider etwas verspäten, da die Bearbeitung der Aufträge länger dauere als gedacht, aber in spätestens zwei bis drei Wochen seien die Motoren da. Der Einkauf der Laube AG muss feststellen, dass andere Lieferanten Elektromotoren dieses Typs frühestens im Oktober liefern könnten. Die Laube AG gerät damit in eine schwierige Lage, da sie selbst eine Konventionalstrafe bezahlen muss, wenn sie die Kühlschränke nicht fristgerecht liefert.

   a) Prüfen Sie, ob die Voraussetzungen der Nicht-Rechtzeitig-Lieferung vorliegen, und begründen Sie Ihre Meinung.

   b) Erläutern und begründen Sie, welches Recht die Laube AG in Anspruch nehmen sollte und ob dazu eine Fristsetzung erforderlich ist.

   c) Erläutern und begründen Sie, welche Art von Schäden der Laube AG in diesem Fall entstehen.

   d) Angenommen, der Einkauf der Laube AG hätte einen anderen Lieferanten gefunden, der diesen Typ Elektromotor sofort und auch zu einem niedrigeren Preis liefern könnte. Erläutern und begründen Sie, welches Recht die Laube AG in diesem Fall in Anspruch nehmen sollte und ob eine Nachfrist erforderlich ist.

2. Die Marketingabteilung des Getränkeherstellers Fresh GmbH plant im Rahmen einer Merchandising-Aktion die Vermarktung von 5.000 T-Shirts in den Unternehmensfarben und mit Aufdruck des Unternehmenslogos im Sommer des Jahres. Zu diesem Zweck stimmt das Unternehmen mit dem ausgewählten Lieferanten, der Süd-Textil KG, alle Produktmerkmale und Designfragen Anfang März ab. Nach wenigen Tagen sendet die Süd-Textil KG der Marketingabteilung der Fresh GmbH ein Musterexemplar mit Bitte um Prüfung. Marketingleiterin Heise ist zufrieden und bestellt die 5.000 T-Shirts gemäß Muster. Die Süd-Textil KG bestätigt den Auftrag noch am selben Tag. Am 4. April geht die Lieferung der T-Shirts bei der Fresh GmbH ein. Bei der Wareneingangskontrolle stellt sich jedoch heraus, dass die Farbe sämtlicher T-Shirts wie auch deren Logoaufdruck deutlich vom ursprünglichen Muster abweichen. Die Mitarbeiter der Marketingabteilung der Fresh GmbH schließen die Verteilung dieser T-Shirts kategorisch aus.

   a) Bestimmen und beschreiben Sie die Art des hier vorliegenden Mangels gemäß § 434 BGB.

   b) Bestimmen Sie die Art des Mangels hinsichtlich Erkennbarkeit und begründen Sie Ihre Meinung.

   c) Wie lange hat die Fresh GmbH Zeit, die angelieferten T-Shirts zu kontrollieren und die Mängel zu rügen? Was passiert, wenn sie diese Maßnahmen verspätet ergreift?

   d) Welches Recht sollte die Fresh GmbH in Anspruch nehmen? Begründen Sie Ihre Meinung.

   e) Welches Recht wäre aus Ihrer Sicht angemessen, wenn die Abweichung kaum erkennbar wäre und die Marketingabteilung die Verwendung der T-Shirts als Preis bei einem Preisausschreiben für möglich hielte? Begründen Sie Ihre Meinung.

3. Prüfen Sie, ob folgende Behauptungen richtig oder falsch sind.

   a) Verschulden ist eine Voraussetzung für das Recht auf Schadensersatz.

   b) Unter Nacherfüllung bei Schlechtleistung versteht man Neulieferung oder Ersatzlieferung.

   c) Bei der Nicht-Rechtzeitig-Zahlung muss der Gläubiger dreimal mahnen, bevor er ein gerichtliches Mahnverfahren einleiten kann.

   d) Im Fall einer Nicht-Rechtzeitig-Zahlung gerät der Käufer in jedem Fall 30 Tage nach Fälligkeit und Zugang der Rechnung in Verzug.

   e) Eine Nicht-Rechtzeitig-Zahlung verjährt drei Jahre nach dem Fälligkeitstermin.

   f) Ein Anspruch aus einer Schlechtleistung verjährt nach drei Jahren, dabei beginnt die Frist der Verjährung am Ende des Jahres, in dem der Anspruch entstanden ist.

F Beschaffungscontrolling

Praxisfall „Kampmann GmbH“

1 Ermitteln und Analysieren von A-, B- und C-Gütern

Frau Diesel, Controllerin der Kampmann GmbH, stellt fest, dass die Produktgruppe „Sonnenliegen“ im abgelaufenen Geschäftsjahr trotz guter Umsätze kaum Gewinne erwirtschaftet hat, offenbar waren die Kosten zu hoch. Mithilfe der ABC-Analyse sollen mögliche Kostensenkungspotenziale in Einkauf und Lager aufgedeckt werden.

ARBEITSAUFTRÄGE

1. Erstellen Sie eine ABC-Analyse mithilfe des nachfolgenden Infotextes. Die Kampmann GmbH klassifiziert Materialien mit einem Jahresverbrauchswert ab 10 % als A-Güter, mit einem Jahresverbrauchswert ab 5 % als B-Güter und den Rest als C-Güter. Runden Sie alle Eurobeträge und Prozentwerte auf zwei Stellen nach dem Komma. Sofern Sie die Berechnungen mit einer Tabellenkalkulationssoftware durchführen, verzichten Sie bitte auf die Rundung die Prozentwerte.

ABC-Analyse						
Schritt 1 und 2						
Material-/ Teil-Nr.	Material/Teil	Mengen-einheit	Bezugs-preis je Einheit (€)	Jahres-verbrauchs-menge (Einheiten)	Jahres-verbrauchs-wert (€)	Rang
400 004	Akazienholzbohlen	Stück	110,00	1.700		
600 910	Schraube AX	Stück	1,10	54.400		
600 911	Schraube B 01	Stück	0,08	353.600		
600 912	Schraube C 01	Stück	0,04	108.800		
610 112	Rasterschiene	Stück	4,50	13.600		
610 113	Abdeckplatte	Stück	2,05	27.200		
630 110	Vollgummirad	Stück	34,20	1.900		
630 111	Achse	Stück	3,50	950		
630 112	Aufhängung	Stück	1,40	1.900		
640 000	Auflage	Stück	16,50	6.800		
650 100	Elektromotor T 34	Stück	82,00	1.800		
684 200	Verbinder TM 5	Stück	1,05	54.400		
690 411	Gelenk M 25	Stück	9,50	13.600		
690 412	Gelenk S 44	Stück	8,50	13.600		
695 108	Winkeleisen	Stück	0,50	81.600		
750 112	Leim Sanor Plus	kg	9,50	1.360		
750 338	Stahlnagel (2 x 30 mm)	kg	2,00	2.040		
750 787	Acryl-Lack RAL 9010	l	12,50	1.700		
				740.950		

Schritt 3 bis 6								
Rang	**Material-/ Teil-Nr.**	**Jahresverbrauchsmenge**			**Jahresverbrauchswert**			**Kate-gorie**
		Einheiten	**Anteil (%)**	**Anteil (%) kumuliert**	**€**	**Anteil (%)**	**Anteil (%) kumuliert**	

Schritt 7				
	A	**B**	**C**	**Probe**
Mengenanteil				
Wertanteil				

2. Erläutern Sie Ihre Ergebnisse.

Infotext: ABC-Analyse

Ausgangsproblem und Zielsetzung

Jeder Industriebetrieb beschafft, lagert und verbraucht ganz unterschiedliche Mengen an Materialien von ganz unterschiedlichem Wert. Gewöhnlich bindet dabei ein geringer Mengenanteil einen großen Wertanteil der Materialien und andersherum ebenso.

Beispiel: Im Lager eines Industriebetriebs sind 77 % des gesamten Materialwerts in nur 6 % der Materialien gebunden. Gleichzeitig machen 52 % der Materialien nur 8 % des gesamten Materialwertes aus.

Ein grundsätzliches Problem von Einkauf und Lager besteht darin, Kostensenkungspotenziale bei der Beschaffung von Materialien mit hohem Wertanteil zu erkennen und sich nicht lange mit wirtschaftlich unbedeutenden Materialien aufzuhalten. Um „Spreu von Weizen zu trennen" und Transparenz in das Verhältnis von Mengen und Werten der zu beschaffenden Materialien zu bringen, greift das Controlling auf die ABC-Analyse zurück. Dabei handelt es sich um ein Instrument zur Untersuchung komplexer Mengen- und Wertverhältnisse, welches in allen Bereichen des Unternehmens eingesetzt werden kann. Dabei geht man folgendermaßen vor:

Klassifizieren der Materialien

Alle betrachteten Materialien werden in die Kategorien „A", „B" und „C" eingeteilt („klassifiziert"):

- **A-Güter:** Güter mit geringem mengenmäßigen aber hohem wertmäßigen Anteil
- **B-Güter:** Güter mit mittlerem mengenmäßigen und mittlerem wertmäßigen Anteil
- **C-Güter:** Güter mit hohem mengenmäßigen aber geringem wertmäßigen Anteil

Bei der Klassifizierung wird gewöhnlich von folgenden Grenzwerten ausgegangen:

Kategorie	Anteil an der Gesamtmenge	Anteil am Gesamtwert
A-Güter	etwa 5 % bis 20 %	etwa 60 % bis 80 %
B-Güter	etwa 20 % bis 40 %	etwa 15 % bis 20 %
C-Güter	etwa 50 % bis 75 %	etwa 5 % bis 10 %

Dabei handelt es sich nur um ungefähre Richtwerte, präzise Grenzwerte gibt es nicht. Die Bestimmung der Grenzen zwischen den A-, B- und C-Gütern liegt im Ermessen des einzelnen Betriebes.

Ermitteln der Mengen- und Wertanteile

Schritt 1: Multiplizieren von Preis und Menge jedes Artikels zur Ermittlung der Jahresverbrauchswerte
Schritt 2: Zuordnen eines Ranges nach Höhe des Jahresverbrauchswertes je Artikel
Schritt 3: Sortieren aller Artikel nach ermitteltem Rang
Schritt 4: Ermitteln der prozentualen Anteile von Menge und Wert je Artikel
Schritt 5: Kumulieren[1] der prozentualen Mengen- und Wertanteile je Artikel
Schritt 6: Zuordnen der Kategorien A, B und C gemäß betrieblicher Richtwerte
Schritt 7: Aufsummieren der Mengen- und Wertanteile der Kategorien A, B und C

Ableiten von Schlussfolgerungen

Bei A-Gütern lohnen sich aufgrund des hohen Wertanteils Maßnahmen wie eine systematische Beschaffungsmarktforschung, Angebotsvergleiche und Lieferantenbewertungen, Preisverhandlungen, sorgfältige Wareneingangskontrollen, die Ermittlung optimaler Bestellmengen, die Analyse von Lagerkennzahlen usw. Bei B-Gütern kommen diese Maßnahmen in verringertem Maße und bei C-Gütern nur selten zum Einsatz.

1 kumulieren: anhäufen, ansammeln; hier: nach und nach aufaddieren

Beispiel:

Schritt 1 und 2						
Material-/ Teil-Nr.	**Material/Teil**	**Mengeneinheit**	**Bezugspreis je Einheit (€)**	**Jahresverbrauchsmenge (Einheiten)**	**Jahresverbrauchswert (€)**	**Rang**
A 01	Teil A	Stück	58,00	5.800	336.400,00	3
A 02	Teil B	Stück	95,00	850	80.750,00	6
A 03	Hilfsstoff X	kg	12,50	4.000	50.000,00	7
A 04	Baugruppe 1	Stück	540,00	700	378.000,00	2
A 05	Baugruppe 2	Stück	449,00	1.040	466.960,00	1
A 06	Hilfsstoff Y	l	17,50	5.600	98.000,00	5
A 07	Hilfsstoff Z	kg	1,50	7.900	11.850,00	9
A 08	Teil C	Stück	55,00	2.000	110.000,00	4
A 09	Teil D	Stück	0,80	6.400	5.120,00	10
A 10	Teil E	Stück	1,90	7.200	13.680,00	8
				41.490	**1.550.760,00**	

Schritt 3 bis 6								
Rang	**Material-/ Teile-Nr.**	**Jahresverbrauchsmenge**			**Jahresverbrauchswert**			**Kategorie**
		Einheiten	**Anteil (%)**	**Anteil (%) kumuliert**	**€**	**Anteil (%)**	**Anteil (%) kumuliert**	
1	A 05	1.040	2,51 %	2,51 %	466.960,00	30,11 %	30,11 %	A
2	A 04	700	1,69 %	4,20 %	378.000,00	24,38 %	54,49 %	A
3	A 01	5.800	13,98 %	18,18 %	336.400,00	21,69 %	76,18 %	A
4	A 08	2.000	4,82 %	23,00 %	110.000,00	7,09 %	83,27 %	B
5	A 06	5.600	13,50 %	36,49 %	98.000,00	6,32 %	89,59 %	B
6	A 02	850	2,05 %	38,54 %	80.750,00	5,21 %	94,80 %	B
7	A 03	4.000	9,64 %	48,18 %	50.000,00	3,22 %	98,02 %	C
8	A 10	7.200	17,35 %	65,54 %	13.680,00	0,88 %	98,91 %	C
9	A 07	7.900	19,04 %	84,58 %	11.850,00	0,76 %	99,67 %	C
10	A 09	6.400	15,43 %	100,00 %	5.120,00	0,33 %	100,00 %	C
		41.490	**100,00 %**		**1.550.760,00**	**100 %**		

Schritt 7				
	A	**B**	**C**	**Probe**
Mengenanteil	18,18 %	20,37 %	61,46 %	100,00 %
Wertanteil	76,18 %	18,62 %	5,20 %	100,00 %

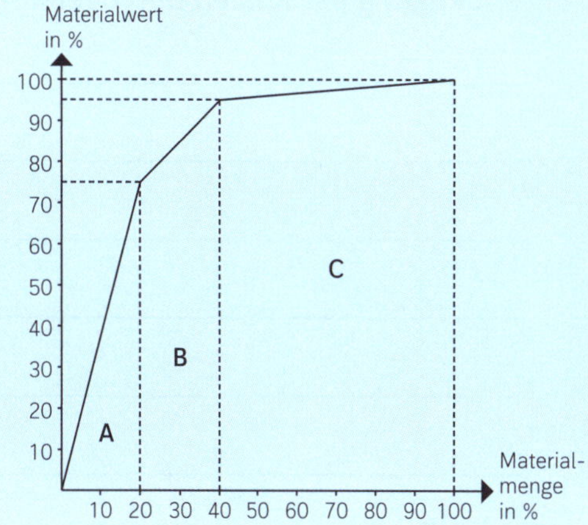

3. Stellen Sie die Ergebnisse der ABC-Analyse der Kampmann GmbH grafisch dar.

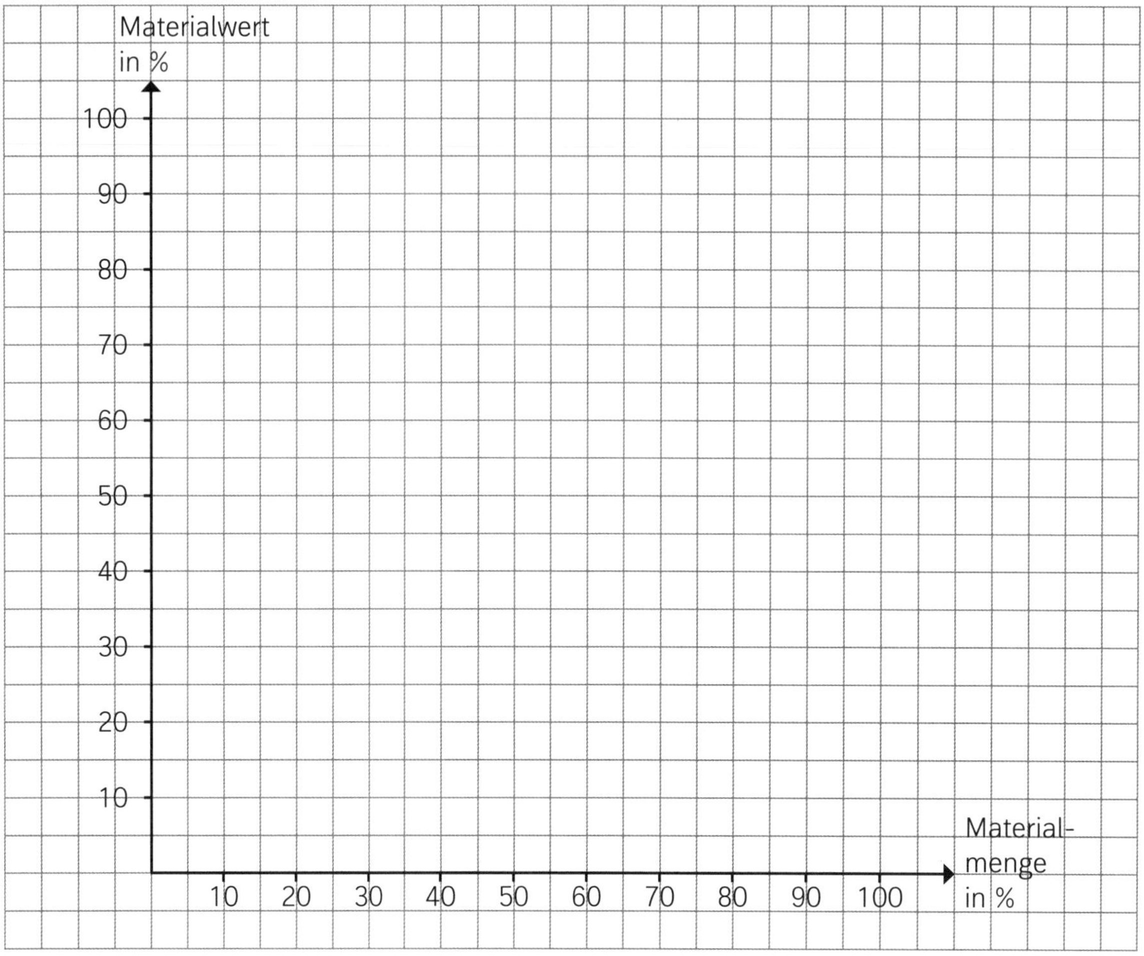

4. Benennen Sie alle A-Materialien/Teile der Kampmann GmbH.

5. Benennen Sie konkrete Maßnahmen für die A-Artikel der Kampmann GmbH, welche von Einkauf und Lager zur Senkung der Kosten durchgeführt werden können.

2 Ermitteln und Analysieren von Lagerkennzahlen

Für das abgelaufene Geschäftsjahr sollen die Lagerkennzahlen für alle A-Güter ermittelt und analysiert werden. Dem Controlling liegen dazu u.a. die Lagerkarteikarten von zwei A-Gütern (Gelenktyp „M 25“ und Gelenktyp „S 44“ für Sonnenliegen) vor:

Lagerkarteikarte			
Material-/Teil-Nr.	690 411	**Höchstbestand**	3.500
Material/Teil	Gelenk M 25	**Mindestbestand**	200
Einheit	Stück	**Meldebestand**	400
Lagerplatz-Nr.	661	**Reservierungen**	0
Bestellungen	0	**Einstandspreis (€)**	9,50
Datum	**Zugang**	**Abgang**	**Bestand**
1. Januar			870
21. Januar	1.000		1.870
26. Januar		500	1.370
7. Februar		600	770
16. Februar	1.200		1.970
25. Februar		500	1.470
4. März		600	870
19. März	1.100		1.970
27. März		600	1.370
7. April		580	790
16. April	1.400		2.190
27. April		670	1.520
4. Mai		710	810
15. Mai	1.600		2.410
25. Mai		780	1.630
6. Juni		800	830
17. Juni	1.550		2.380
27. Juni		770	1.610
3. Juli		810	800
14. Juli	1.450		2.250
25. Juli		750	1.500
5. August		690	810
12. August	1.200		2.010
19. August		640	1.370
4. September		590	780
15. September	1.050		1.830
23. September		470	1.360
6. Oktober		540	820
18. Oktober	1.000		1.820
26. Oktober		510	1.310
7. November		430	880
16. November	600		1.420
25. November		320	1.100
4. Dezember		300	800
9. Dezember	450		1.250
20. Dezember		440	810
31. Dezember			810

Lagerkarteikarte			
Material-/Teil-Nr.	690 412	**Höchstbestand**	3.500
Material/Teil	Gelenk S 44	**Mindestbestand**	200
Einheit	Stück	**Meldebestand**	400
Lagerplatz-Nr.	662	**Reservierungen**	0
Bestellungen	0	**Einstandspreis (€)**	8,50
Datum	**Zugang**	**Abgang**	**Bestand**
1. Januar			1.890
21. Januar	1.200		3.090
26. Januar		500	2.590
7. Februar		600	1.990
16. Februar	1.200		3.190
25. Februar		500	2.690
4. März		600	2.090
19. März	1.150		3.240
27. März		600	2.640
7. April		580	2.060
16. April	1.200		3.260
27. April		670	2.590
4. Mai		710	1.880
15. Mai	1.450		3.330
25. Mai		780	2.550
6. Juni		800	1.750
17. Juni	1.750		3.500
27. Juni		770	2.730
3. Juli		810	1.920
14. Juli	1.500		3.420
25. Juli		750	2.670
5. August		690	1.980
12. August	1.250		3.230
19. August		640	2.590
4. September		590	2.000
15. September	1.000		3.000
23. September		470	2.530
6. Oktober		540	1.990
18. Oktober	900	0	2.890
26. Oktober		510	2.380
7. November		430	1.950
16. November	700		2.690
25. November		320	2.370
4. Dezember		300	2.070
9. Dezember	300		2.370
20. Dezember		440	1.930
31. Dezember			1.930

ARBEITSAUFTRÄGE

1. Ermitteln Sie für beide Gelenke folgende Werte:

	Gelenk M 25	Gelenk S 44
a) Einstandspreis		
b) Inventurbestand zu Jahresbeginn		
c) Monatsenbestand April (exemplarisch)		
d) Jahresabgang (= Jahresverbrauch)		

2. Ermitteln Sie mithilfe des nachfolgenden Infotextes die in der Tabelle aufgeführten Lagerkennzahlen für beide Gelenktypen. Für jede Kennzahl liegt Ihnen der Branchendurchschnittswert des Verbands deutscher Möbelhersteller (VDMH e.V.) vor. Der kalkulatorische Zinssatz[1] der Kampmann GmbH beträgt 8 %. Runden Sie alle Ergebnisse auf zwei Stellen nach dem Komma und rechnen Sie dann mit diesen Werten weiter.

Lagerkennzahlen (abgelaufenes Geschäftsjahr)			
Kennzahl	**Kampmann GmbH**		**Branchen-durchschnitt**
	Gelenk M 25	**Gelenk S 44**	
Durchschnittlicher Lagerbestand (Stück)			**1.596,00**
Lagerumschlagshäufigkeit (Anzahl)			**8,97**
Durchschnittliche Lagerdauer (Tage)			**40,13**
Lagerzinssatz (%)			**0,89**
Lagerzinsen (€)			**keine Angabe**

3. Analysieren Sie Ihre Ergebnisse.

4. Leiten Sie konkrete Empfehlungen zur Senkung der Kapitalbindungskosten der Gelenke ab und berücksichtigen Sie dabei mögliche betriebswirtschaftliche Risiken.

1 Grundsätzlich gibt es Geld nicht umsonst, jeder Geldgeber verlangt eine Verzinsung. Deshalb rechnet jeder Betrieb mit einem kalkulatorischen Zinssatz, dessen Höhe sich am Darlehenszinssatz der Banken orientiert.

Infotext: Lagerkennzahlen

Definition Kennzahlen

Kennzahlen sind absolute oder relative Maßzahlen, welche quantitativ messbare Sachverhalte in komprimierter Form darstellen. Sie ermöglichen innerbetriebliche und betriebsübergreifende Vergleiche (z. B. Istwertvergleiche, Soll-Ist-Vergleiche, Periodenvergleiche) und damit auch die Beurteilung der untersuchten Sachverhalte.

Durchschnittlicher Lagerbestand

Der durchschnittliche Lagerbestand gibt an, wie viel Vorräte in der betrachteten Periode (i. d. R. ein Jahr) durchschnittlich auf Lager sind. Er kann in Stück oder in Euro ausgedrückt werden:

$$\text{Ø Lagerbestand in Stück oder in €} = \frac{\text{Jahresanfangsbestand} + 12 \text{ Monatsendbestände}}{13}$$

Beispiel: Jahresanfangsbestand (Inventurbestand) gehärteter Stahlfedern = 600 Stück, Summe der 12 Monatsendbestände = 11.750 Stück, Berechnung: (600 + 11.750) : 13 = 950 Stück; im Jahresverlauf befanden sich durchschnittlich 950 Stahlfedern im Lager.

Lagerumschlagshäufigkeit

Die Lagerumschlagshäufigkeit drückt aus, wie oft der durchschnittliche Lagerbestand in einer Periode (i. d. R. ein Jahr) umgeschlagen (= verbraucht bzw. eingesetzt) wurde.

$$\text{Lagerumschlagshäufigkeit} = \frac{\text{Jahresabgangsmenge}}{\text{Ø Lagerbestand}}$$

Beispiel: Jahresverbrauch (= Lagerabgänge) = 14.250 Stück, durchschnittlicher Lagerbestand = 950 Stück, Berechnung: 14.250 : 950 = 15; die Stahlfedern wurden im Jahr durchschnittlich 15-mal umgeschlagen, sie sind also 15-mal im Lager ein- und ausgegangen.

Durchschnittliche Lagerdauer

Die durchschnittliche Lagerdauer gibt an, wie viele Tage einer betrachteten Periode (i. d. R. ein Jahr) ein Werkstoff bzw. ein Artikel durchschnittlich im Lager liegt.

$$\text{Ø Lagerdauer in Tagen} = \frac{360}{\text{Lagerumschlagshäufigkeit}}$$

Beispiel: Lagerumschlagshäufigkeit = 15, also gilt: 360 : 15 = 24 Tage; die Stahlfedern wurden durchschnittlich 24 Tage gelagert.

Lagerzinssatz

Der Lagerzinssatz gibt an, wie viel Prozent (kalkulatorische) Zinsen das Kapital kostet, das im durchschnittlichen Lagerbestand gebunden ist. Der kalkulatorische Zinssatz wird innerbetrieblich festgelegt und entspricht dem langfristigen Kapitalmarktzinssatz (Jahreszinssatz). Er wird in der Formel ganzzahlig angegeben (ohne %).

$$\text{Lagerzinssatz in \%} = \frac{\text{Ø Lagerdauer} \cdot \text{kalkulatorischer Zinssatz}}{360}$$

Beispiel: Durchschnittliche Lagerdauer = 24 Tage, kalkulatorischer Zinssatz = 8 %, Berechnung: (24 · 8) : 360 = 0,53; das Kapital, das im durchschnittlichen Lagerbestand der Stahlfedern gebunden war, kostete 0,53 % Zinsen.

Lagerzinsen

Lagerzinsen sind die Zinskosten des Kapitals, das durchschnittlich in den Vorräten gebunden ist.

$$\text{Lagerzinsen in €} = \frac{\text{Lagerzinssatz} \cdot \text{Ø Lagerbestand} \cdot \text{Einstandspreis}}{100}$$

Beispiel: Lagerzinssatz = 0,53 %, durchschnittlicher Lagerbestand = 950 Stück, Einstandspreis (Bezugspreis) = 20,00 €, Berechnung: (0,53 · 950 · 20,00) : 100 = 100,70 €; die Kosten des Kapitals, das in den gelagerten Stahlfedern gebunden war, betrugen 100,70 €.

3 Ermitteln der optimalen Bestellmenge

Die Analyse der Lagerkennzahlen in der Kampmann GmbH für das abgelaufene Geschäftsjahr hat ergeben, dass u. a. der Gelenktyp S 44 in überhöhten Mengen auf Vorrat beschafft worden war und dadurch hohe Kapitalbindungskosten angefallen sind. Aus diesem Grund soll für das Folgejahr die optimale Bestellmenge für dieses Teil ermittelt werden. Auf Grundlage der Absatz- und Produktionsplanung der Kampmann GmbH ergibt sich für das Folgejahr ein Jahresbedarf an Gelenken vom Typ S 44 in Höhe von 12.000 Stück, der Verbrauch in der Produktion ist annähernd gleichmäßig. Der Lieferant verlangt bei Abnahme dieser Jahresmenge auch im Folgejahr einen Einstandspreis (Bezugspreis) in Höhe von 8,50 € pro Stück. Jede Bestellung verursacht bei der Kampmann GmbH Bestellkosten („bestellfixe Kosten") in Höhe von 100,00 €, der Lagerhaltungskostensatz beläuft sich auf 20 %.

ARBEITSAUFTRÄGE

Bearbeiten Sie die Arbeitsaufträge mithilfe des nachfolgenden Infotextes.

1. Ermitteln Sie mithilfe der Andler'schen Formel die optimale Bestellmenge.

2. Da der Lieferant die Gelenke zu diesem Preis nur in Packungseinheiten zu 100 Stück verkauft, soll die optimale Bestellmenge auch tabellarisch ermittelt werden. Markieren Sie die Zeile mit der optimalen Bestellmenge farbig und erläutern Sie Ihr Ergebnis.

Optimale Bestellmenge						
Bestellmenge (Stück)	**Ermittlung Bestellkosten**		**Ermittlung Lagerhaltungskosten**			**Gesamtkosten pro Jahr (€)**
	Anzahl Bestellungen	**Bestellkosten pro Jahr (€)**	**Ø Lagerbestand (Stück)**	**Ø Lagerbestand (€)**	**Lagerhaltungskosten pro Jahr (€)**	
12.000						
6.000						
4.000						
3.000						
2.000						
1.500						
1.200						
1.000						
500						
400						

Infotext: Optimale Bestellmenge

Ausgangsproblem und Zielsetzung

Bei der Vorratsbeschaffung stellt sich der Einkauf grundsätzlich die Frage, wie oft und welche Menge er jeweils bestellen soll: Soll er den gesamten Jahresbedarf auf einmal bestellen oder auf mehrere kleinere Bestellungen verteilen – und wenn ja, auf wie viele? Denn je größer die Bestellmenge,

- desto weniger Bestellprozesse fallen an und desto geringer sind daher die jährlichen **Bestellkosten** (= alle Kosten des Bestellprozesses, der Warenwert gehört nicht dazu). Bestellkosten setzen sich zusammen aus Personalkosten im Einkauf für alle Tätigkeiten von der Bedarfsmeldung bis zur Bestellung, Kosten der Warenannahme (Wareneingangskontrolle und Einlagerung), Kosten der Rechnungsprüfung und -buchung sowie den zugehörigen Gemeinkosten (z. B. Leasingkosten für die EDV-Anlagen).[1] Da Bestellkosten unabhängig von der Bestellmenge anfallen, werden sie auch als „bestellfixe Kosten" bezeichnet.
- desto höher sind die jährlichen **Lagerhaltungskosten** (= Summe aus Lagerkosten und Kapitalbindungskosten): Lagerkosten sind alle Kosten, die mit der Lagerung verbunden sind, wie Personalkosten, Abschreibungen (für Regalsysteme, Gabelstapler usw.), Instandhaltung, Versicherungsbeiträge, Energiekosten, Schwund, Bruch und Diebstahl. Kapitalbindungskosten entsprechen der entgangenen Verzinsung des Kapitals, welches in den Lagervorräten gebunden ist.

Gesucht wird also die Bestellmenge, bei der die Summe aus Bestellkosten und Lagerhaltungskosten einer Periode minimal ist (siehe Grafik). Diese Menge wird als **optimale Bestellmenge** bezeichnet. Aus Gründen der Vereinfachung bleiben Mengenrabatte und Transportkosten dabei zunächst noch unberücksichtigt.

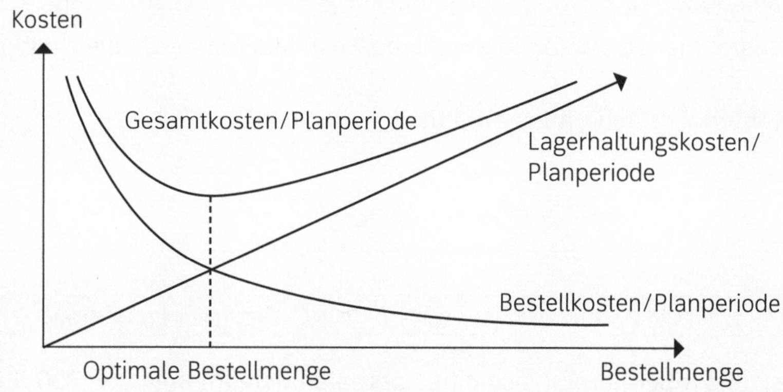

Die optimale Bestellmenge kann grafisch, mathematisch und tabellarisch ermittelt werden. Im Folgenden werden die mathematische und die tabellarische Methode vorgestellt.

Dateninput

Um die optimale Bestellmenge ermitteln zu können, benötigt man folgende Angaben:

- **Jahresbedarf** gemäß Absatz- und Programmplanung in Stück
- **Einstandspreis (Bezugspreis)** pro Stück in Euro
- **Bestellkosten je Bestellung (bestellfixe Kosten)** in Euro
- **Lagerhaltungskostensatz:** Verhältnis der Lagerhaltungskosten zum Wert des durchschnittlichen Lagerbestands in Prozent

1 Vgl. Klaus Bichler, Ralf Krohn, Guido Riedel, Frank Schöppach: Beschaffungs- und Lagerwirtschaft – Praxisorientierte Darstellung der Grundlagen, Technologien und Verfahren, Gabler, Wiesbaden, 9. aktualisierte und überarbeitete Auflage 2010, S. 97

Beispiel: Ein Automobilzulieferer hat einen Jahresbedarf an gehärteten Stahlfedern in Höhe von **3.000 Stück** (Einstandspreis: **25,00 €**). Die Bestellkosten je Bestellung belaufen sich auf **140,00 €**, der Lagerhaltungskostensatz beträgt **24 %**.

Mathematisches Verfahren

Die optimale Bestellmenge kann mithilfe der klassischen Losgrößenformel nach Andler mathematisch ermittelt werden. Dabei wird der Lagerhaltungskostensatz ganzzahlig angegeben (ohne %):

$$\text{Optimale Bestellmenge} = \sqrt{\frac{200 \cdot \text{Jahresbedarf} \cdot \text{Bestellkosten je Bestellung}}{\text{Einstandspreis je Stück} \cdot \text{Lagerhaltungskostensatz}}}$$

Beispiel: $\sqrt{\frac{200 \cdot 3.000 \cdot 140,00}{25,00 \cdot 24}} = \mathbf{374,17\ Stück}$

Das Ergebnis ist ein mathematisches Optimum und daher i. d. R. ein gebrochener Wert.

Tabellarisches Verfahren

Die optimale Bestellmenge kann ebenso tabellarisch ermittelt werden. Das hat folgende Vorteile gegenüber der mathematischen Berechnung:

- Es werden ganzzahlige Bestellmengen ermittelt.
- Vorgegebene Verkaufseinheiten (z. B. 100 Stück je Packung) können berücksichtigt werden.
- Für unterschiedliche Bestellmengen sind die jeweiligen Bestellkosten und Lagerhaltungskosten ablesbar.

Beim tabellarischen Verfahren sind folgende Formeln anzuwenden:

$$\text{Ø Lagerbestand in Stück} = \frac{\text{Bestellmenge}}{2}$$

$$\text{Lagerhaltungskosten in €} = \text{Ø Lagerbestand in €} \cdot \text{Lagerhaltungskostensatz}$$

Beispiel: In unserem Beispiel (oben) ergibt sich eine optimale Bestellmenge von 300 Stück.

Optimale Bestellmenge						
Bestell-menge (Stück)	Ermittlung Bestellkosten		Ermittlung Lagerhaltungskosten			Gesamtkosten pro Jahr (€)
	Anzahl Bestel-lungen	Bestell-kosten pro Jahr (€)	Ø Lager-bestand (Stück)	Ø Lager-bestand (€)	Lagerhaltungs-kosten pro Jahr (€)	
3.000	1,0	**140,00**	1.500	37.500,00	**9.000,00**	**9.140,00**
1.500	2,0	**280,00**	750	18.750,00	**4.500,00**	**4.780,00**
1.000	3,0	**420,00**	500	12.500,00	**3.000,00**	**3.420,00**
600	5,0	**700,00**	300	7.500,00	**1.800,00**	**2.500,00**
300	10,0	**1.400,00**	150	3.750,00	**900,00**	**2.300,00**
200	15,0	**2.100,00**	100	2.500,00	**600,00**	**2.700,00**
100	30,0	**4.200,00**	50	1.250,00	**300,00**	**4.500,00**
50	60,0	**8.400,00**	25	625,00	**150,00**	**8.550,00**
30	100,0	**14.000,00**	15	375,00	**90,00**	**14.090,00**

Kombination beider Verfahren

Um beim tabellarischen Verfahren die optimale Bestellmenge nicht durch mühevolles Ausprobieren („Versuch und Irrtum") suchen zu müssen, können beide Verfahren kombiniert werden:

- **Schritt 1:** Ermitteln der mathematischen Lösung mit der Andler-Formel.
- **Schritt 2:** Ermitteln der benachbarten Werte unter Berücksichtigung der Verkaufseinheiten.

Dabei ergeben sich i. d. R. gebrochene Werte für die Anzahl der Bestellkosten. Diese sind als Näherungswerte zu betrachten.

Beispiel: In unserem Beispiel ergab das mathematische Verfahren 374,17 Stück. Bei einer Packungsgröße von 25 Stück ergibt sich tabellarisch eine optimale Bestellmenge von 375 Stück.

Bestell-menge (Stück)	Anzahl Bestel-lungen	Bestellkosten pro Jahr (€)	Ø Lager-bestand (Stück)	Ø Lager-bestand (€)	Lagerhaltungs-kosten pro Jahr (€)	Gesamtkosten pro Jahr (€)
350	8,6	**1.200,00**	175	4.375	**1.050,00**	**2.250,00**
375	8,0	**1.120,00**	188	4.700	**1.128,00**	**2.248,00**
400	7,5	**1.050,00**	200	5.000	**1.200,00**	**2.250,00**

Voraussetzungen und kritische Betrachtung des Modells

Das hier vorgestellte Modell der optimalen Bestellmenge stellt, wie bei Modellen üblich, eine Vereinfachung der Realität dar, da es an mehrere Voraussetzungen geknüpft ist:

- Der Jahresbedarf ist bekannt und ändert sich nicht.
- Der Preis ist bekannt und ändert sich nicht (keine Mengenrabatte).
- Der Lagerabgang ist durchgehend gleichmäßig.
- Der Lagerhaltungskostensatz ändert sich nicht.
- Die Bestellkosten sind für alle Arten von Werkstoffen gleich und ändern sich nicht.

Da diese Voraussetzungen in der Praxis gewöhnlich nicht oder nur teilweise gegeben sind, ist die praktische Verwertbarkeit des Modells umstritten. Für das Modell der optimalen Bestellmenge spricht jedoch, dass es

- die allgemeingültige Aussage, dass sich Bestell- und Lagerhaltungskosten abhängig von der Bestellmenge gegenläufig entwickeln, verdeutlicht,
- nach Bedarf erweitert und damit an die Praxis angenähert werden kann (z. B. durch die Berücksichtigung von Mengenrabatten und/oder den Anschaffungskosten).

Praxishinweis

Gewöhnlich sieht jede handelsübliche ERP-Software[1] die Möglichkeit vor, die optimale Bestellmenge für jeden Artikel in einem entsprechenden Eingabefeld zu hinterlegen.

1 „ERP" steht für „Enterprise-Resource-Planning". ERP-Software wird in Unternehmen zur Planung und Steuerung von Ressourcen in allen Abteilungen eingesetzt (z. B. SAP, Microsoft Dynamics).

4 Ermitteln optimaler Bestellzeitpunkte

Nachdem die optimale Bestellmenge für den Gelenktyp S 44 für das Folgejahr berechnet wurde, sollen nun auch die optimalen Bestellzeitpunkte für dieses Teil ermittelt werden. Herr Scheerer, Sachbearbeiter der Einkaufsabteilung, zieht dafür sowohl das Bestellrhythmus- als auch das Bestellpunktverfahren in Erwägung. Folgende Plandaten für das Folgejahr liegen ihm vor:

- Jahresbedarf: 12.000 Stück
- optimale Bestellmenge: 1.200 Stück
- Mindestbestand: 100 Stück
- durchschnittliche Wiederbeschaffungszeit: 4 Tage
- Arbeitstage pro Jahr: 240

ARBEITSAUFTRÄGE

Bearbeiten Sie die Arbeitsaufträge mithilfe des nachfolgenden Infotextes.

1. Zunächst soll das Bestellrhythmusverfahren angewendet werden.

a) Ermitteln Sie die Bestellintervalle unter der Annahme eines annähernd gleichmäßigen Verbrauchs.

b) Erläutern Sie, inwiefern das Bestellrhythmusverfahren für die Beschaffung riskanter ist als das Bestellpunktverfahren.

____

____

____

2. Herr Scheerer entscheidet sich für das Bestellpunktverfahren. Ermitteln Sie den Meldebestand und erläutern Sie Ihr Ergebnis.

____

____

____

3. Bei der Kampmann GmbH finden die Lagerentnahmen vormittags statt, nachmittags werden regelmäßig die Lagerbestände kontrolliert. Am Nachmittag des Tages 0 werden neue Gelenke des Typs S 44 angeliefert und das Lager bis zum Höchstbestand aufgefüllt.

a) Stellen Sie den Höchstbestand, den Mindestbestand, den Meldebestand sowie den Lagerbestand bis Tag 28 grafisch dar.

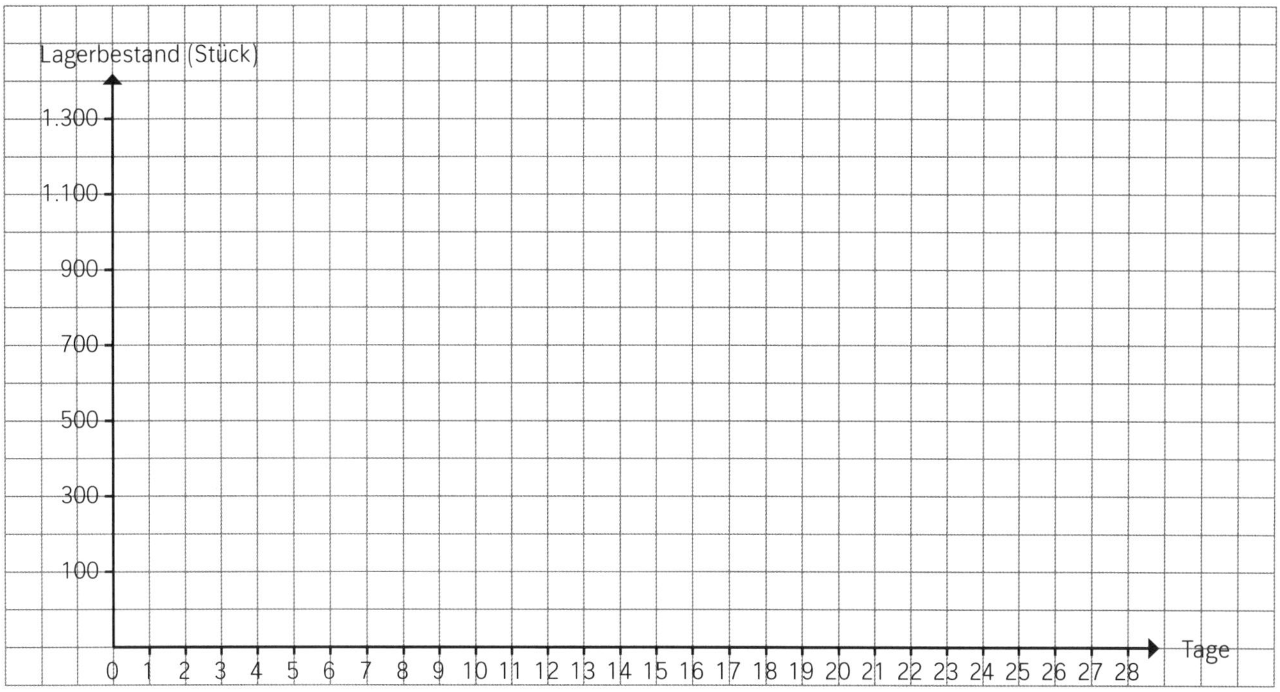

b) Ermitteln Sie rechnerisch, an welchem Tag Herr Scheerer nachbestellen muss und gleichen Sie Ihr Ergebnis mit Ihrer Zeichnung aus Aufgabe a) ab.

c) Angenommen, aufgrund eines größeren Zusatzauftrags würde sich der Tagesverbrauch ab Tag 0 bis auf Weiteres auf 100 Stück erhöhen. Zeichnen Sie den Lagerbestand für diesen Fall in die Grafik ein, prüfen Sie, ob der Mindestbestand ausreicht und erläutern Sie Ihr Ergebnis.

d) Erläutern Sie, welche Probleme sich aus der Situation aus Teilaufgabe c) ergeben können.

e) Benennen Sie konkrete Maßnahmen, welche der Einkauf der Kampmann GmbH ergreifen kann, um den in Teilaufgabe d) beschriebenen Problemen vorzubeugen.

Infotext: Bestellpunkt- und Bestellrhythmusverfahren

Grundlagen

Bei der Vorratsbeschaffung (Lagerhaltung) stellt sich grundsätzlich die Frage, zu welchen Zeitpunkten die Beschaffung erfolgen soll. Diese Frage kann mithilfe des Bestellpunkt- und des Bestellrhythmusverfahrens beantwortet werden. Bei beiden Verfahren ist zu beachten:

- Der **Mindestbestand** (Sicherheitsbestand, eiserne Reserve) dient der Sicherstellung der Produktion (Versorgungssicherheit) bei Lieferungsverzögerungen, erhöhtem Verbrauch sowie bei Abweichungen der Lagerbuchhaltung von den tatsächlichen Beständen. Er darf im Normalbetrieb nicht angetastet werden.
- Der **Höchstbestand** ist der Bestand, der aus Kosten- sowie aus Platzgründen nicht überschritten werden darf. Er errechnet sich wie folgt:

Höchstbestand = Mindestbestand + optimale Bestellmenge

Bestellpunktverfahren

Bei jeder Lagerentnahme wird der verbliebene Lagerbestand überprüft und immer dann nachbestellt, wenn der „Meldebestand“ erreicht oder unterschritten ist. Dieser wird folgendermaßen ermittelt:

Meldebestand = Mindestbestand + Ø Tagesverbrauch · Ø Wiederbeschaffungszeit

Bei gleichmäßigem Verbrauch ergeben sich folgende Bestände:

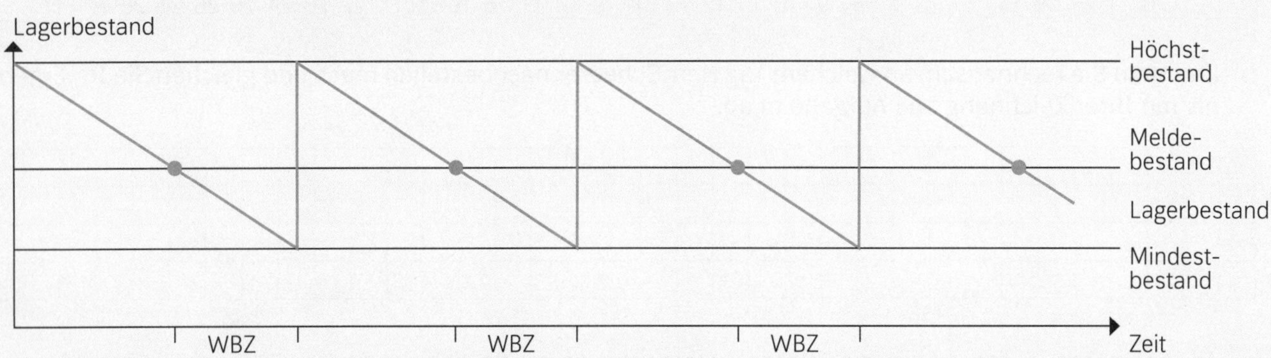

In der Praxis ist der Verbrauch jedoch meistens ungleichmäßig, sodass der Meldebestand entsprechend früher oder später als bei gleichmäßigem Verbrauch erreicht wird. In diesen Fällen muss der Einkauf entscheiden, ob er weiterhin die optimale Bestellmenge bestellt und damit den Höchstbestand unter- oder überschreitet oder ob er die Bestellmengen jeweils an den Höchstbestand anpasst:

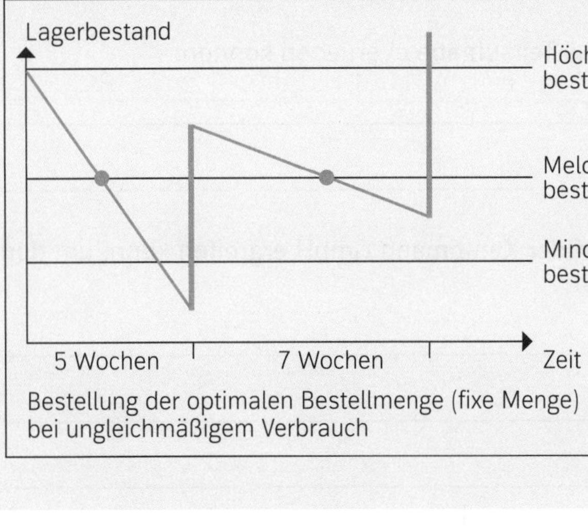

Bestellung der optimalen Bestellmenge (fixe Menge) bei ungleichmäßigem Verbrauch

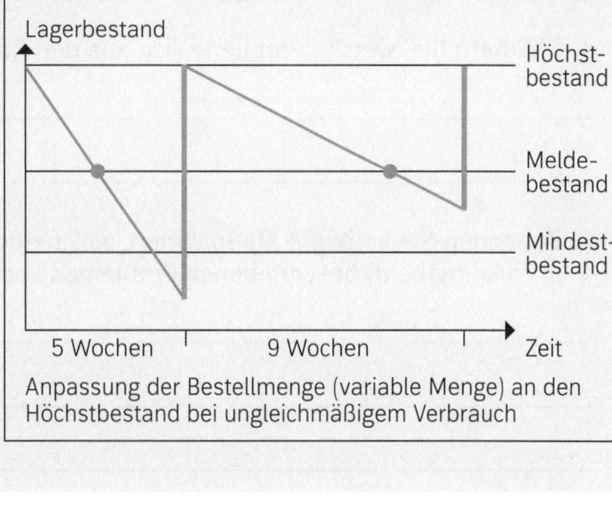

Anpassung der Bestellmenge (variable Menge) an den Höchstbestand bei ungleichmäßigem Verbrauch

Bestellrhythmusverfahren

Beim Bestellrhythmusverfahren wird in gleichbleibenden festgelegten Zeitabständen (Bestellintervallen) nachbestellt, ohne dass der Bestand überprüft wird (z. B. am ersten Tag eines jeden Quartals). Dieses Verfahren kann z. B. dann angewendet werden, wenn

- der Prüfaufwand des Bestellpunktverfahrens zu hoch ist,
- Lieferrhythmen durch den Lieferanten vorgegeben werden,
- der Einkauf versucht, seine Kosten über Durchschnittspreise zu senken.

Bei gleichmäßigem Verbrauch ergeben sich folgende Bestände:

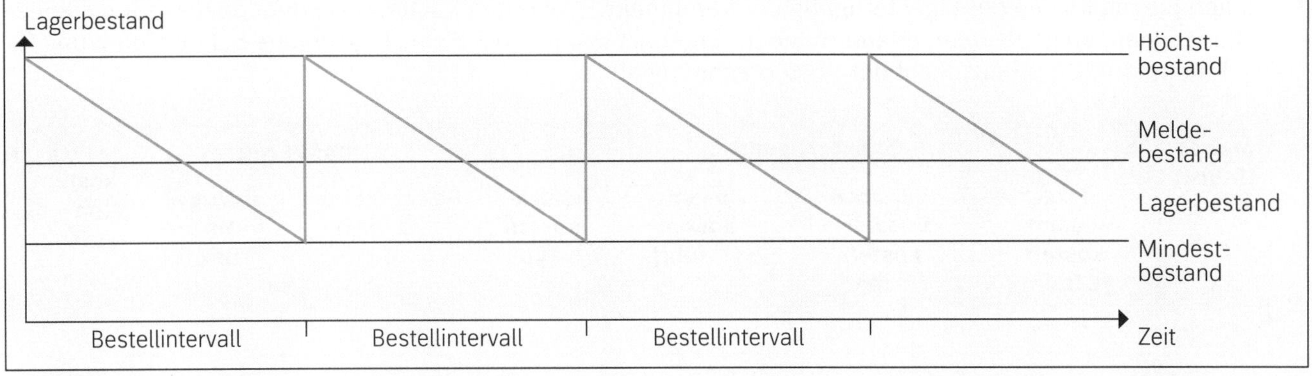

In der Praxis ist der Verbrauch in aller Regel ungleichmäßig, dennoch bleiben die Bestellintervalle beim Bestellrhythmusverfahren unverändert. In diesen Fällen muss der Einkauf entscheiden, ob er weiterhin die optimale Bestellmenge bestellt und damit den Höchstbestand unter- oder überschreitet oder ob er die Bestellmengen jeweils an den Höchstbestand anpasst:

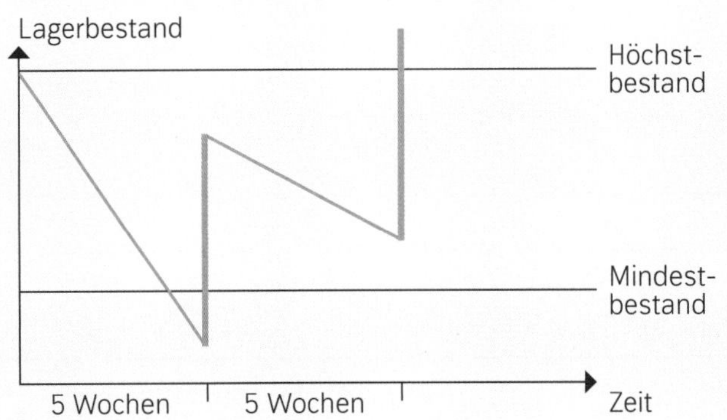

Bestellung der optimalen Bestellmenge (fixe Menge) bei ungleichmäßigem Verbrauch

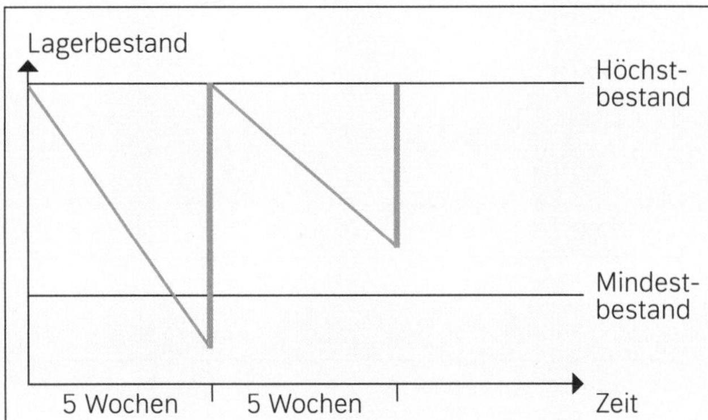

Anpassung der Bestellmenge (variable Menge) an den Höchstbestand bei ungleichmäßigem Verbrauch

5 Vorbereiten einer Make-or-buy-Entscheidung

Aufgrund zunehmender Nachfrage erwägt die Kampmann GmbH, das Produktprogramm um großflächige Gastro-Sonnenschirme (XXL) im oberen Preissegment zu erweitern. Dabei steht das Unternehmen vor der Entscheidung, diese Sonnenschirme selbst zu fertigen oder bei einem italienischen Hersteller für einen Bezugspreis in Höhe von 350,00 € einzukaufen. Die Eigenfertigung ist mit dem Kauf einer speziellen Fräsmaschine verbunden, welche jährliche Fixkosten in Höhe von 45.000,00 € verursachen würde. Die variablen Stückkosten der Eigenfertigung würden sich auf 200,00 € belaufen.

ARBEITSAUFTRÄGE

Bearbeiten Sie die Arbeitsaufträge mithilfe des nachfolgenden Infotextes

1. Stellen Sie die Kosten der Eigenfertigung der Kampmann GmbH den Kosten des Fremdbezugs für die angegebenen Mengen gegenüber, erläutern Sie Ihr Ergebnis und leiten Sie eine begründete Schlussfolgerung für die Kampmann GmbH aus Sicht der Kostenrechnung ab.

Menge (Stück)	Eigenfertigung				Fremdbezug		Stück-kosten-differenz (€)
	Fixe Gesamt-kosten (€/Jahr)	Variable Gesamt-kosten (€/Jahr)	Gesamt-kosten (€/Jahr)	Stück-kosten (€)	Bezugskosten (€/Jahr)	Bezugs-preis pro Stück (€)	
50							
100							
150							
200							
250							
300							
350							
400							
450							
500							

2. Ermitteln Sie die kritische Menge auf mathematischem Weg.

3. Stellen Sie die Bezugskosten sowie die fixen, die variablen und die gesamten Kosten der Eigenfertigung grafisch dar und beschriften Sie alle Kurven.

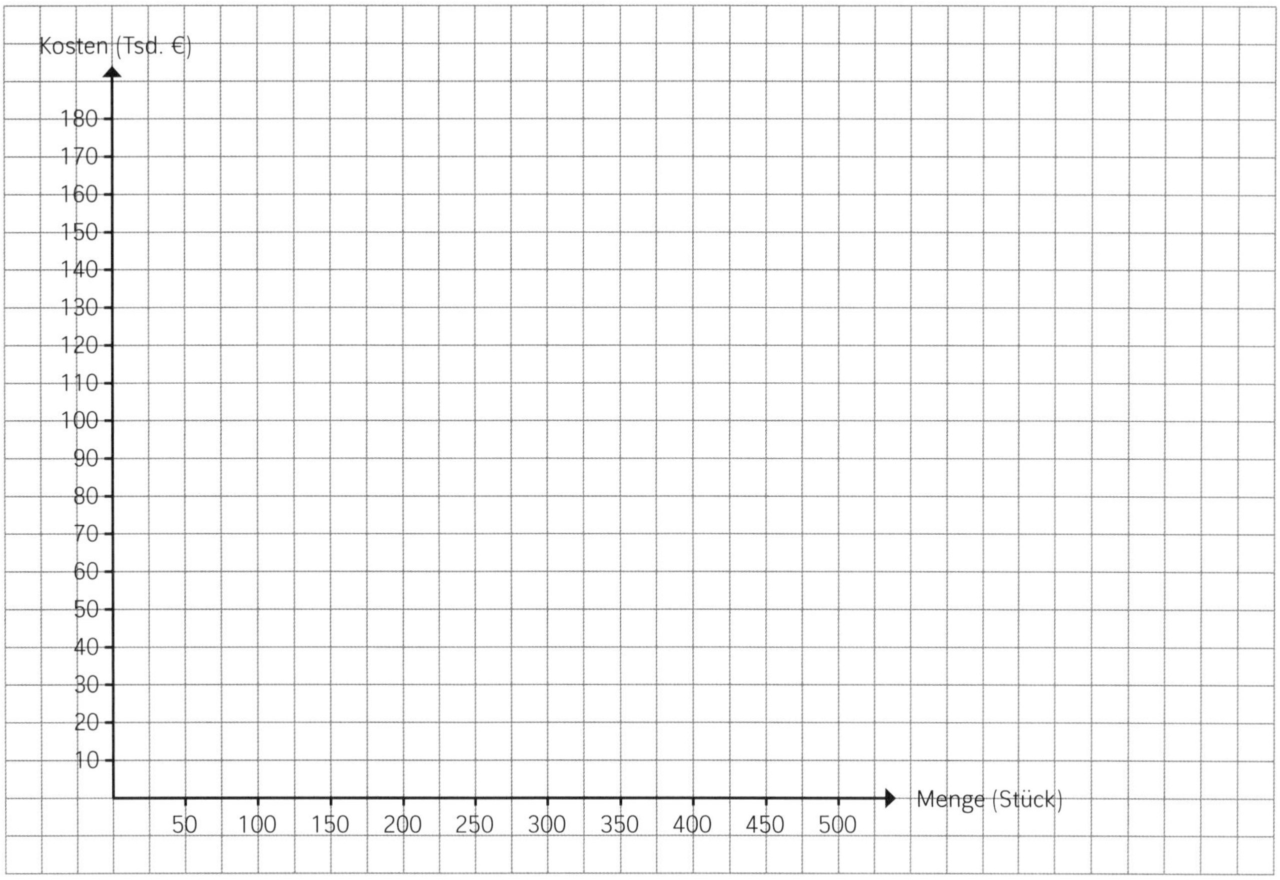

4. Der Hersteller der Fräsmaschine unterbreitet der Kampmann GmbH das einmalige Angebot, den Preis dieses Modells um 20 % zu senken. Zwischenzeitlich sind jedoch die Holzpreise gestiegen, sodass sich die variablen Kosten um 6 % erhöht haben. Berechnen Sie die neue kritische Menge.

5. Benennen und erläutern Sie weitere Entscheidungskriterien neben den Kosten, welche die Kampmann GmbH bei ihrer Make-or-buy-Entscheidung einbeziehen sollte.

Infotext: Make-or-buy-Entscheidungen

Kosten als Entscheidungskriterium

Ein Industriebetrieb muss grundsätzlich entscheiden, welche Produkte selbst gefertigt und welche eingekauft werden sollen („Make-or-buy-Entscheidung"). Dabei kann es sich um kurzfristige oder auch um langfristige Entscheidungen handeln. Viele Unternehmen haben in den letzten Jahren den Anteil der Eigenfertigung und damit die Fertigungstiefe immer weiter verringert und den Anteil des Fremdbezugs entsprechend erhöht. Neben anderen Kriterien sind die Kosten ein wichtiges Entscheidungskriterium für eine Make-or-buy-Entscheidung. Diese können vielfach durch Fremdbezug („Outsourcing") gesenkt werden. Dabei sind zwei Arten von Kosten zu unterscheiden:

- **Fixkosten** (feste Kosten) sind Kosten, die unabhängig von der Produktionsmenge anfallen. Typische Fixkosten sind Gehälter, Heizkosten, Miete und Zinsen.
- **Variable Kosten** (veränderliche Kosten) sind Kosten, die abhängig von der Produktionsmenge anfallen. Typische variable Kosten sind Kosten für Werkstoffe, Zulieferteile und Löhne.

Kurzfristige Make-or-buy-Entscheidungen

Für eine kurzfristige Make-or-buy-Entscheidung werden nur die variablen Stückkosten (k_v) der Eigenfertigung dem Bezugspreis gegenübergestellt. Fixe Kosten bleiben hier unberücksichtigt, da sie kurzfristig ohnehin anfallen und damit von der Entscheidung unabhängig sind. Voraussetzung ist, dass das Unternehmen über freie Produktionskapazitäten verfügt. Es gilt:

k_v < Bezugspreis ➔ Eigenfertigung	oder	k_v > Bezugspreis ➔ Fremdbezug

Langfristige Make-or-buy-Entscheidungen

Bei langfristigen Make-or-buy-Entscheidungen müssen die Fixkosten (z. B. Bau einer Produktionshalle) mit einbezogen werden, da sie im Fall des Fremdbezugs vollständig entfallen. Deshalb werden hier die gesamten Stückkosten (fixe und variable Stückkosten) der Eigenfertigung dem Bezugspreis gegenübergestellt:

$k_f + k_v$ < Bezugspreis ➔ Eigenfertigung	oder	$k_f + k_v$ > Bezugspreis ➔ Fremdbezug

Wegen der Fixkosten übersteigen die Kosten der Eigenfertigung bei geringen Mengen die Kosten des Fremdbezugs. Unter der Bedingung, dass die variablen Stückkosten der Eigenfertigung geringer sind als der Bezugspreis, lohnt sich die Eigenfertigung ab einer bestimmten Menge. Die Menge, bei der die Gesamtkosten der Eigenfertigung und des Fremdbezugs gleich hoch sind, wird als „kritische Menge" bezeichnet. Sie kann mathematisch und grafisch ermittelt werden:

$$K_f + k_v \cdot x = p_{fb} \cdot x$$
$$K_f = p_{fb} \cdot x - k_v \cdot x$$
$$K_f = (p_{fb} - k_v) \cdot x$$
$$\frac{K_f}{p_{fb} - k_v} = x$$

K_f = Fixe Gesamtkosten
k_v = variable Stückkosten
p_{fb} = Einstandspreis bei Fremdbezug

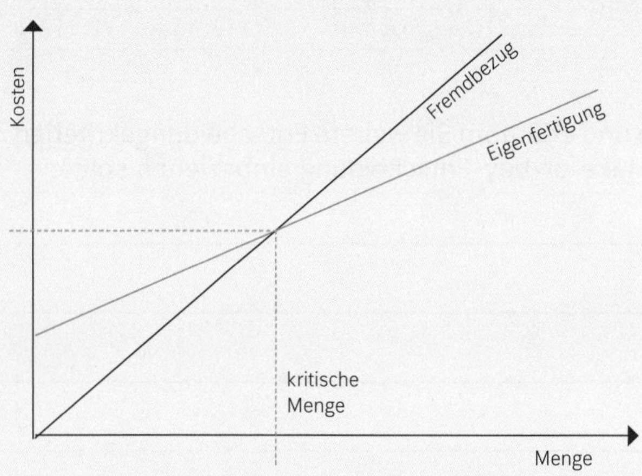

Kompaktwissen

ABC-Analyse		
Kategorie	**Anteil am Gesamtwert**	**Anteil an der Gesamtmenge**
A-Güter	etwa 70 % bis 80 %	etwa 5 % bis 20 %
B-Güter	etwa 15 % bis 20 %	etwa 20 % bis 40 %
C-Güter	etwa 5 % bis 10 %	etwa 50 % bis 75 %

Lagerkennzahlen	
Durchschnittlicher Lagerbestand (Stück, €)	$\frac{\text{Jahresanfangsbestand} + 12\ \text{Monatsendbestände}}{13}$
Lagerumschlagshäufigkeit	$\frac{\text{Jahresabgangsmenge}}{\text{Ø Lagerbestand}}$
Durchschnittliche Lagerdauer (Tage)	$\frac{360}{\text{Lagerumschlagshäufigkeit}}$
Lagerzinssatz (%)	$\frac{\text{kalkulatorischer Zinssatz} \cdot \text{Ø Lagerdauer}}{360}$
Lagerzinsen (€)	$\frac{\text{Lagerzinssatz} \cdot \text{Ø Lagerbestand} \cdot \text{Einstandspreis}}{100}$
Lagerkostensatz (%)	$\frac{\text{Lagerkosten} \cdot 100}{\text{Ø Lagerwert}}$
Lagerhaltungskostensatz (%)	Lagerkostensatz + kalkulatorischer Zinssatz
Lagerhaltungskosten (€)	Lagerkosten + Kapitalbindungskosten

Bestellverfahren

Bestellpunktverfahren	**Bestellrhythmusverfahren**
Bestellung bei Erreichen des Meldebestands	Bestellung in festgelegten Bestellintervallen

Formelsammlung	
Optimale Bestellmenge (Stück)	$\sqrt{\frac{200 \cdot \text{Jahresbedarf} \cdot \text{Bestellkosten je Bestellung}}{\text{Einstandspreis je Stück} \cdot \text{Lagerhaltungskostensatz}}}$
Ø Lagerbestand (Stück)	$\frac{\text{Bestellmenge}}{2}$
Lagerhaltungskosten (€)	Ø Lagerbestand in € · Lagerhaltungskostensatz
Höchstbestand (Stück)	Mindestbestand + optimale Bestellmenge
Meldebestand (Stück)	Mindestbestand + Ø Tagesverbrauch · Ø Wiederbeschaffungszeit
Kritische Menge (make or buy)	$\frac{K_f}{p_{fb} - k_v}$

Einkaufskennzahlen (Angaben je Periode)[1]	
Einkaufsvolumen (€)	Bestellmengen · Einstandspreise
Einkaufsvolumen vom Umsatz (%)	$\frac{\text{Gesamteinkaufsvolumen (in €)} \cdot 100}{\text{Umsatz des eigenen Unternehmens}}$
Einkaufskosten vom Einkaufsvolumen (%)	$\frac{\text{Gesamtkosten der Einkaufsabteilung} \cdot 100}{\text{Gesamteinkaufsvolumen (in €)}}$
Einkaufskosten vom Umsatz (%)	$\frac{\text{Gesamtkosten der Einkaufsabteilung} \cdot 100}{\text{Umsatz des eigenen Unternehmens}}$
Einkaufsvolumen je Einkäufer (€)	$\frac{\text{Gesamteinkaufsvolumen (in €)}}{\text{Anzahl Mitarbeiter im Einkauf}}$
Kosten je Bestellvorgang (€)	$\frac{\text{Gesamtkosten der Einkaufsabteilung}}{\text{Anzahl aller Bestellungen}}$
Anzahl Bestellungen je Einkäufer (Stück)	$\frac{\text{Anzahl Bestellungen}}{\text{Anzahl Mitarbeiter im Einkauf}}$
Weiterbildungskosten je Einkäufer (€)	$\frac{\text{Weiterbildungskosten der Einkaufsabteilung}}{\text{Anzahl Mitarbeiter im Einkauf}}$
Liefertermintreue aller Lieferungen (%)	$\frac{\text{Anzahl termingerechte Lieferungen} \cdot 100}{\text{Anzahl aller Lieferungen}}$
Reklamationsquote aller Lieferungen (%)	$\frac{\text{Anzahl reklamierte Lieferungen} \cdot 100}{\text{Anzahl aller Lieferungen}}$
Anzahl Bestellpositionen je Bestellung (Stück)	$\frac{\text{Anzahl Bestellpositionen}}{\text{Anzahl aller Bestellungen}}$
Vollkosten je Einkäufer (€)	$\frac{\text{Vollkosten der Einkaufsabteilung}}{\text{Anzahl Mitarbeiter im Einkauf}}$
Einkaufskosten je Lieferant (€)	$\frac{\text{Gesamtkosten der Einkaufsabteilung}}{\text{Anzahl aller Lieferanten}}$
Abrufquote aus Rahmenverträgen (%)	$\frac{\text{Anzahl aller Bestellungen aus Rahmenverträgen} \cdot 100}{\text{Anzahl aller Bestellungen}}$
Durchschnittswert je Bestellung (€)	$\frac{\text{Einkaufsvolumen (in €)}}{\text{Anzahl aller Bestellungen}}$
Durchschnittliches Zahlungsziel (Tage)	$\frac{\text{Summe der Zahlungsziele aller Eingangsrechnungen}}{\text{Anzahl aller Eingangsrechnungen}}$

1 Vgl. Bundesverband Materialwirtschaft, Einkauf und Logistik e. V.: TOP-Kennzahlen im Einkauf, Frankfurt (Main) 2014.

Vertiefungsaufgaben

1. Ihnen liegen folgende Angaben aus dem Einkauf der Kahler Werke KG vor. Das Unternehmen klassifiziert Materialien mit einem Jahresverbrauchswert ab 10 % als A-Güter, ab 5 % als B-Güter und den Rest als C-Güter. Erstellen Sie für das Unternehmen eine ABC-Analyse.

Material-/Teile-Nr.	Bezugspreis je Einheit (€)	Jahresverbrauchsmenge (Stück)
M 001	195,00	160
M 002	189,00	370
M 003	7,50	1.350
M 004	390,00	200
M 005	75,00	225
M 006	12,50	1.500
M 007	1,00	4.100
M 008	10,50	1.800
M 009	0,50	3.575
M 010	1,25	2.850

2. Der Maschinenbaubetrieb Wolf GmbH hat im Jahresverlauf für computergesteuerte CNC-Maschinen 2.390 Steuerungsmodule sowohl von Typ A (Einstandspreis: 149,00 €) als auch von Typ B (Einstandspreis: 129,00 €) verbraucht. Das Unternehmen legt einen kalkulatorischen Zinssatz in Höhe von 9 % zugrunde. Folgende Bestandsangaben liegen zu beiden Modulen vor:

Produkt	Jahresanfangsbestand (Stück)	Monatsendbestände (Stück)											
		Jan	Feb	Mär	Apr	Mai	Jun	Jul	Aug	Sep	Okt	Nov	Dez
Typ A	110	250	310	190	240	290	220	200	240	190	110	240	140
Typ B	190	340	290	270	270	280	190	190	270	180	190	270	190

Ermitteln Sie für beide Produkte alle Lagerkennzahlen und erläutern Sie Ihre Ergebnisse.

3. Die Stollwerck KG fertigt Elektromotoren für die Industrie. Für die Fertigung des Elektromotortyps AL 310 benötigt das Unternehmen Kupferspulen, die es von einem französischen Hersteller bezieht. Der Jahresbedarf an Spulen beträgt 6.000 Stück. Das Unternehmen rechnet mit einem Lagerhaltungskostensatz in Höhe von 25 %. Die bestellfixen Kosten belaufen sich auf 95,00 € pro Bestellung, der Einstandspreis der Spulen beläuft sich auf 19,00 €.

   a) Berechnen Sie die optimale Bestellmenge mithilfe der Andler-Formel.

   b) Ermitteln Sie die optimale Bestellmenge tabellarisch für eine, zwei, drei, sechs, zehn, zwölf, fünfzehn und zwanzig Bestellungen pro Jahr.

   c) Ermitteln Sie die optimale Bestellmenge für den Fall, dass ab 600 Stück 20 % und ab 2.000 Stück 30 % Mengenrabatt gewährt werden und die Spulen einzeln erhältlich sind.

4. Die Syrox KG liefert elektronische Steuermodule an die Automobilindustrie. Das Unternehmen arbeitet 360 Tage im Jahr. Der Jahresbedarf an Platinen beläuft sich auf 28.800 Stück, die optimale Bestellmenge beträgt 3.200 Stück. Es wurde ein Mindestbestand von 200 Stück festgelegt, die Wiederbeschaffungszeit liegt bei durchschnittlich 5 Tagen. Der Verbrauch ist annähernd gleichmäßig.

   a) Ermitteln Sie den Höchstbestand und den Meldebestand.

   b) Ermitteln Sie die Anzahl der Bestellungen pro Jahr sowie die Bestellintervalle für den Fall, dass das Bestellrhythmusverfahren angewendet werden soll.

G Strategische Beschaffung

Praxisfall „Kampmann GmbH"

1 Aufzeigen alternativer Beschaffungsstrategien

Die Einkaufsabteilung der Kampmann GmbH hat sich in der Vergangenheit vorwiegend auf das operative Geschäft konzentriert und ihre Fertigungsmaterialien von bewährten Zulieferern („Haus- und Hoflieferanten") bezogen. Um im internationalen Wettbewerb bestehen zu können, sollen in einem bevorstehenden strategischen Workshop in Travemünde neue Beschaffungsstrategien diskutiert werden.

ARBEITSAUFTRÄGE

Bearbeiten Sie die Arbeitsaufträge mithilfe des nachfolgenden Infotextes.

1. Zunächst soll eine strukturierte Übersicht über mögliche Beschaffungsstrategien (Sourcing-Strategien) erstellt werden. Gestalten Sie zu diesem Zweck eine Mindmap mit zwei Ebenen.

Infotext: Beschaffungsstrategien (Sourcing-Strategien)

Einordnung

Beschaffungsstrategien (Sourcing-Strategien) bestimmen die langfristige und grundlegende Ausrichtung der betrieblichen Beschaffung und bedürfen daher einer sorgfältigen Planung. Sie lassen sich hinsichtlich folgender Kriterien unterscheiden:[1]

Kriterium Nr. 1: Anzahl der Lieferanten

Single Sourcing (Einquellenbezug): Das Unternehmen entscheidet sich für die Belieferung durch nur einen einzigen Lieferanten, zu dem eine intensive und langfristige Beziehung aufgebaut wird, durch die eine Win-Win-Situation für den Lieferanten und das eigene Unternehmen erzielt werden soll. Ziel ist der Ausbau von Wettbewerbsvorteilen durch eine Kooperation. Beispielsweise können durch eine gemeinsame Forschung und Entwicklung oder auch die Einbeziehung des Lieferanten bereits bei der Produktentwicklung Kosten- und Qualitätsvorteile erzielt werden. Außerdem können Material- und Datenflüsse beider Unternehmen optimal aufeinander abgestimmt werden, was besonders bei der Just-in-time-Strategie von größter Bedeutung ist. Diese Strategie wird häufig gewählt bei hochwertigen Gütern (A-Gütern). Beim Single Sourcing begeben sich Lieferant und beschaffendes Unternehmen in eine gegenseitige Beziehung. Single Sourcing ist nicht zu verwechseln mit „Sole Sourcing“, bei dem der Lieferant eine Monopolstellung auf dem Beschaffungsmarkt besetzt.

Dual Sourcing (Zweiquellenbezug): Die Belieferung erfolgt durch zwei Lieferanten. Die Zielsetzung entspricht annähernd der des Single Sourcing, jedoch sichert sich der Einkauf beim Dual Sourcing für den Fall ab, dass ein Lieferant ausfällt. Außerdem wird auf diese Weise ein Wettbewerb unter den Lieferanten erzeugt.

Multiple Sourcing (Vielquellenbezug): Die Belieferung erfolgt durch einige oder eine Vielzahl von Lieferanten. Hier stehen sowohl die Senkung des Versorgungsrisikos (beim Ausfall von Lieferanten) als auch die Erhöhung des Wettbewerbsdrucks unter den Lieferanten im Vordergrund. Das Unternehmen ist unabhängig von einzelnen Lieferanten und kann bei Preisverhandlungen jederzeit damit drohen, den Lieferanten zu wechseln.

Kriterium Nr. 2: Beschaffungsobjekt

Unit Sourcing (Einzelteilbeschaffung): Sämtliche Rohstoffe (z. B. Stahl, Kunststoffgranulat) oder Einzelteile einer niedrigeren Stufe der Wertschöpfungskette (z. B. Stahlträger, Reifen) werden separat beschafft und erst im eigenen Betrieb weiterverarbeitet. Diese Strategie ist naturgemäß mit einer größeren Anzahl an Lieferanten sowie mit einer hohen Fertigungstiefe im eigenen Betrieb verbunden, also mit einer hohen Anzahl an Stufen der Eigenfertigung. Dabei gilt: Je höher die Fertigungstiefe, desto leichter können die Beschaffungsmaterialien substituiert werden und desto geringer ist die Abhängigkeit von einzelnen Lieferanten. Auch bleibt bei dieser Strategie das Know-how im Hause und wird nicht an die Lieferanten abgegeben. Entsprechend hoch sind allerdings Aufwand und Kosten sowohl der Beschaffung als auch der eigenen Produktion.

Modular Sourcing (Modulbeschaffung): Es werden fertige Module beschafft. Dabei handelt es sich um fertige funktionale oder fertigungstechnische Einheiten wie Baugruppen (z. B. Kugellager, Spulen, Ventile) oder komplexe Systeme (z. B. Bremsanlagen eines Fahrzeugs, Alarmanlage), auf die sich der Lieferant spezialisiert hat. Modular Sourcing verringert die Fertigungstiefe im eigenen Betrieb und auch die Anzahl der Lieferanten. Im Extremfall werden im eigenen Betrieb nur noch wenige Module und/oder Systeme montiert. Dabei muss sich der Betrieb darauf verlassen, dass der Lieferant die Anforderungen des Betriebs an die Module erfüllt und die erforderliche Qualität liefert. Das führt in der Regel dazu, dass der Lieferant enger an den eigenen Betrieb gebunden wird. Entsprechend entstehen erhöhte Abhängigkeiten vom Lieferanten, dem in vermehrtem Maße Kompetenzen und Know-how überlassen werden.

Kriterium Nr. 3: Beschaffungsareal

Local Sourcing (regionale Beschaffung): Das Material wird lokal, also aus der Region bezogen. Da bei dieser Strategie der Lieferant „um die Ecke“ angesiedelt ist, ist einerseits eine hohe Versorgungssicherheit bei geringen Transportkosten möglich. Außerdem lassen sich aufgrund der kurzen Wege persönliche Bindungen leicht pflegen und verlangte Qualitätsstandards leicht überprüfen. Hinzu kommen eine gemeinsame Sprache, ein gemeinsames Rechtssystem und eine gemeinsame Währung sowie eine ähnliche Mentalität bzw. Kultur.

---

1 vgl. Rainer Lasch: Strategisches und operatives Logistikmanagement: Beschaffung, Springer Gabler, Wiesbaden, 3. überarbeitete und erweiterte Auflage 2021, Seite 3 ff.

Domestic Sourcing (nationale Beschaffung): Das Material wird aus dem Inland bezogen. Je nach Standort des Lieferanten gelten auch hier die Aspekte des Local Sourcing, wenn auch je nach Entfernung und Region in abgeschwächtem Maße. In jedem Falle aber profitieren beide Unternehmen auch hier von einem gemeinsamen Rechtssystem und einer gemeinsamen Währung sowie von Zollfreiheit.

Global Sourcing (weltweite Beschaffung): Das Material wird aus dem Ausland bzw. weltweit bezogen. Entsprechend groß ist die Auswahl an Lieferanten und Produkten. Beim Global Sourcing steht gewöhnlich die Senkung von Beschaffungskosten im Vordergrund. Außerdem lassen sich durch Global Sourcing Güter beschaffen, die im eigenen Land nicht verfügbar sind. Dabei kann das Unternehmen einerseits sein Beschaffungsrisiko senken, da es auf eine große Anzahl an Lieferanten weltweit zurückgreifen kann. Andererseits erhöhen sich die Beschaffungsrisiken (z. B. durch Transportprobleme über lange Entfernungen, politische Risiken, Sprachbarrieren).

Kriterium Nr. 4: Bereitstellungsprinzip

Stock Sourcing (Vorratsbeschaffung): Die Materialien werden im Betrieb gelagert und dort für die Weiterverarbeitung zu einem späteren Zeitpunkt bereitgestellt. Das Lager puffert schwankende Bedarfsmengen in der Produktion ab und gewährleistet damit die Kontinuität der Fertigung. Beschaffungsmengen und Verbrauchsmengen werden voneinander entkoppelt. So lassen sich Preisvorteile durch größere Einkaufsmengen oder günstige Einkaufszeitpunkte erzielen. Außerdem wird das Unternehmen auf diese Weise unabhängiger vom Beschaffungsmarkt. Auf der anderen Seite ist die Vorratsbeschaffung grundsätzlich mit erhöhten Kosten (Lager- und Kapitalbindungskosten) verbunden, weshalb sie bevorzugt bei Materialien mit geringer Wertigkeit (C-Gütern) und bei Gütern mit einem erhöhten Versorgungsrisiko betrieben wird. Vorratsbeschaffung gilt traditionell als der Normalfall im Industriebetrieb.

Demand Tailored Sourcing (Einzelbeschaffung): Das Material wird fallweise für einen vorliegenden Auftrag beschafft, entsprechend ist die Einzelbeschaffung üblich bei Auftragseinzelfertigung und seltenem Bedarf. Voraussetzung für die Beschaffung sind damit der betreffende Auftrag sowie eine präzise Terminplanung. Das Material wird ggf. kurz zwischengelagert oder unmittelbar nach Anlieferung verbraucht.

Just-in-time Sourcing (fertigungssynchrone Beschaffung): Voraussetzung für diese Strategie ist ein dauerhafter und vorhersehbarer Verbrauch über einen längeren Zeitraum. Das Ziel besteht hier darin, die Produktion und die Beschaffung zu synchronisieren, also ineinander zu verzahnen. Die Materialien werden immer erst dann angeliefert und bereitgestellt, wenn sie im laufenden Fertigungsprozess benötigt werden (Pull-Prinzip). Voraussetzung sind Rahmen-Lieferverträge und Massen- oder Serienfertigung.

Kriterium Nr. 5: Beschaffungssubjekt

Individual Sourcing (individuelle Beschaffung): Das Unternehmen organisiert seine Beschaffung allein und damit unabhängig von anderen Organisationen bzw. Unternehmen.

Cooperative Sourcing (kooperative Beschaffung): Mehrere Unternehmen schließen sich zu Einkaufskooperationen zusammen, um ihre Verhandlungsposition gegenüber den Lieferanten zu stärken. Diese Strategie wird vielfach von kleinen und mittleren Unternehmen gewählt, die allein nicht die Einkaufsmengen nachfragen, die erforderlich sind, um gute Einkaufskonditionen eingeräumt zu bekommen. Die Einkaufskooperation kann vertraglich geregelt oder auch informeller Natur sein.

Kriterium Nr. 6: Zentralisierungsgrad

Central Sourcing (zentrale Beschaffung): Der Einkauf wird in einer zentralen Einkaufsabteilung vorgenommen, die gewöhnlich in der Unternehmenszentrale angesiedelt ist. Central Sourcing erleichtert die Standardisierung (Vereinheitlichung) von Beschaffungsprozessen wie auch den Ausgleich von Bedarfsschwankungen in unterschiedlichen Unternehmensbereichen. Hinzu kommen Kostenvorteile durch größere Beschaffungsmengen und geringere Personalressourcen im Einkauf. Allerdings führt die Distanz zwischen Einkauf und Produktion häufig zu Zielkonflikten und Flexibilitätsmängeln.

Decentral Sourcing (dezentrale Beschaffung): Der Einkauf wird von mehreren Einkaufsabteilungen (bei größeren und/oder international tätigen Unternehmen) oder von den einzelnen Fachabteilungen dezentral organisiert. Dezentraler Einkauf ist gekennzeichnet durch eine erhöhte Flexibilität sowie Zielharmonie von Einkauf und Produktion. Gleichwohl ist die dezentrale Beschaffung mit erhöhten Beschaffungskosten und Risiken unklarer Verantwortlichkeiten und Mängeln in der Koordinierung verbunden.

2. Der Einkauf der Kampmann GmbH hat einige Vorschläge für zukünftige Beschaffungsstrategien vorbereitet, die auf dem Workshop der Unternehmensleitung diskutiert werden sollen. Danach könnte die Einkaufsabteilung der Kampmann GmbH zukünftig

a) gemeinsam mit dem Küchenhersteller Spohle KG einfache Teile wie Winkeleisen oder Schrauben weltweit einkaufen, um Kostenvorteile zu nutzen.

b) spezielle Kurbelsysteme für Sonnenschirme von einem Lübecker Lieferanten beziehen, welcher die Serienfertigung der Sonnenschirme fertigungssynchron beliefern könnte.

c) gemeinsam mit anderen Händlern Rohhölzer aus kontrolliertem Anbau weltweit beziehen, die im eigenen Lager ausreichend durchtrocknen können.

d) Kühlschränke mit Standardmaßen für Strandbar-Thekenelemente von einem spezialisierten Hersteller aus Essen und einem weiteren Qualitätshersteller aus Dresden beziehen, welche diese stets kurz vor Produktionsbeginn anliefern.

e) patentierte Gelenke für den Einbau in Sonnenliegen von einem Hersteller aus Ratzeburg in größeren Mengen beziehen, um Preisvorteile zu nutzen.

f) spezielle Zapfanlagen bei einer süddeutschen Brauerei beschaffen, die nur in seltene Sonderanfertigungen (erweiterte Thekenelemente) eingebaut werden. Zur Vereinfachung der Kommunikation mit dem Lieferanten soll die Produktion die Beschaffung ausnahmsweise selbst organisieren.

g) natürliche Öle zur Oberflächenbehandlung direkt von unterschiedlichen Herstellern aus Asien, Afrika und Südamerika beziehen, welche gelegentlich ihre Produkte zu günstigen Preisen anbieten.

Ordnen Sie die Beschaffungsstrategien (Sourcing-Strategien) zu:

	Anzahl der Lieferanten			**Beschaffungsobjekt**		**Beschaffungsareal**			**Bereitstellungsprinzip**			**Beschaffungssubjekt**		**Zentralisierungsgrad**	
	Single Sourcing	Dual Sourcing	Multiple Sourcing	Unit Sourcing	Modular Sourcing	Local Sourcing	Domestic Sourcing	Global Sourcing	Stock Sourcing	Demand Tailored Sourcing	Just-in-time Sourcing	Individual Sourcing	Cooperative Sourcing	Central Sourcing	Decentral Sourcing
a)															
b)															
c)															
d)															
e)															
f)															
g)															

3. Die Kampmann GmbH plant die Großserienfertigung hochwertiger Sonnenliegen mit Elektromotor. Entwickeln Sie in Stichworten ein zugehöriges Beschaffungskonzept (Sourcing-Konzept) und diskutieren Sie dieses mit Ihren Mitschülerinnen und Mitschülern.

Anzahl der Lieferanten: ______________________________

Beschaffungsobjekt: ______________________________

Beschaffungsareal: ______________________________

Bereitstellungsprinzip: ______________________________

Beschaffungssubjekt: ______________________________

Zentralisierungsgrad: ______________________________

2 Analysieren von Chancen und Risiken der Just-in-time-Belieferung

Sven Kampmann erwägt die Einführung einer Just-in-time-Belieferung auch für sein Unternehmen. Deshalb soll Herr Scheerer, Einkäufer der Kampmann GmbH, damit verbundene Chancen und Risiken sowohl für die Kampmann GmbH als auch für die Lieferanten analysieren.

ARBEITSAUFTRÄGE

1. Erstellen Sie für die Kampmann GmbH mithilfe des nachfolgenden Artikels aus dem Handelsblatt eine Chancen-Risiken-Analyse für die Einführung der Just-in-time-Belieferung.

Chancen-Risiken-Analyse	
Chancen	**Risiken**

2. Erstellen Sie für den Lieferanten der Kampmann GmbH mithilfe des nachfolgenden Artikels aus dem Handelsblatt eine Chancen-Risiken-Analyse für die Einführung der Just-in-time-Belieferung.

Chancen-Risiken-Analyse	
Chancen	**Risiken**

3. Herr Scheerer hält es für richtig, bei bestimmten Zulieferteilen auf eine Just-in-time-Belieferung umzusteigen. Um den Geschäftsführer Sven Kampmann und alle Abteilungsleitungen zu überzeugen, bittet er Sie, mithilfe des nachfolgenden Infotextes sowie aktueller Artikel aus dem Internet eine nachvollziehbare Überzeugungspräsentation zum Thema „Just-in-time-Belieferung“ vorzubereiten und zu halten. Um auch wirklich zu überzeugen, empfiehlt Herr Scheerer folgende Punkte:

- besser plastisch-bildhafte Darstellungen als Texte auf den Folien
- möglichst selbsterklärende Präsentationsfolien
- konkrete Lösungsansätze zur Begrenzung der Risiken der Just-in-time-Belieferung
- überzeugende Vorbilder und aktuelle statistische Daten aus der Industrie

Die Lieferung landet direkt auf dem Laufband

Julia Groth

Nicht nur in der Automobilindustrie verlangen immer mehr Unternehmen „Just-in-time-Lieferungen". Diese Art der Logistik birgt besonders für Zulieferer mit verschiedenen Kunden Risiken. Schon bei kleineren Lieferpannen drohen empfindliche Probleme. Doch die punktgenaue Lieferung hat auch einen entscheidenden Vorteil.

KÖLN. Mit komplizierten Kundenwünschen hat die Tübinger Sidler Automotive GmbH & Co. KG Erfahrung. Immerhin kann sie sich seit über achtzig Jahren auf dem Markt der Autozulieferer halten. Auch der Wunsch nach „Just-in-time-Lieferungen" konnte das Unternehmen nicht aus der Bahn werfen: Viele Kunden wollten ihre bestellten Teile plötzlich nicht mehr lagern – sondern exakt dann geliefert bekommen, wenn sie sie brauchten.

Seit zwanzig Jahren liefert Sidler Innenraumleuchten, Aschenbecher und Ablagen für etwa vierzig Prozent der Kunden direkt ans Band – darunter Daimler, Toyota und Ford. Und die haben laut Sidlers Logistikleiter Christopher Goold noch immer nicht genug: „Die Nachfrage nach Just-in-time-Produkten steigt noch."

Reibungslos geht die Lieferart nicht immer vonstatten. Denn den eigenen Produktions- und Lieferrhythmus mit den Rhythmen mehrere Kunden zu synchronisieren, ist gar nicht so leicht. „Alles, was schief gehen kann, ist schon schief gegangen", sagt Goold: Maschinenprobleme, defekte Werkzeuge, Fehler der Mitarbeiter. Bevor beim Kunden das Montageband stillstand, konnte er jedoch noch jedes Lieferproblem beheben.

Nicht nur in der Autoindustrie verlangen immer mehr Unternehmen „Just-in-time-Lieferungen". Zeitlich abgestimmte Lieferungen flexibilisieren nämlich die Serienproduktion nicht nur. Sie senken auch die Kosten, erspart das Liefersystem doch die komplette Lagerung, die sehr gerade bei teuren Bauteilen ins Geld geht. Und wenn Produkte erst einmal falsch gelagert werden oder zu lange liegen bleiben und nicht mehr zu gebrauchen sind, ist der Ärger groß.

Im BMW-Werk in München etwa kommt daher mittlerweile ein Drittel der Teile „just in time" an: Getriebe, Motoren, Türverkleidungen, Scheinwerfer, Bodenverkleidungen und vieles andere. „Lagerhaltung verschlingt einerseits Fläche, die dann für wertschöpfende Tätigkeiten fehlt", sagt BMW-Sprecher Frank Wienstroth. „Zugleich bindet sie Kapital. Und außerdem wird die Flexibilität beeinträchtigt."

Für die Zulieferer ist das „Just-in-time-System" freilich zunächst mit Risiken behaftet: Denn mit punktgenauen Lieferungen steigt die Gefahr, dass Aufträge bei kleinen Pannen nicht mehr pünktlich zu erledigen sind. Und dann drohen Vertragsstrafen. „Anlaufprobleme sind nicht unüblich", bestätigt Logistik-Professor Gerhard Heß von der Georg-Simon-Ohm-Hochschule in Nürnberg. Zudem ist der Steuerungsaufwand bei Lieferung und Produktion höher, wenn man versuchen muss, im gleichen Takt wie die Kunden zu arbeiten.

Der große Vorteil der „Just-in-time-Lieferungen" für Zulieferer ist allerdings die engere Kundenbindung. Wer stets pünktlich liefert und sich anpasst, macht sich zum bevorzugten Partner – den man ungern wechselt, weil damit oft erst einmal Lieferverzögerungen und Chaos in der Produktion drohen.

Die meisten Zulieferer sehen sich heute gezwungen, „Just-in-time-Lieferungen" anzubieten – ob sie wollen oder nicht. „Der Mittelstand reagiert dabei allerdings oft flexibler als große Konzerne", sagt Logistik-Experte Heß. Ihm sind jedenfalls kaum Fälle bekannt, in denen ein mittelständischer Autozulieferer Existenzprobleme bekam, weil er die Lieferung nicht bewerkstelligen konnte.

Auch die Eissmann Automotive Deutschland GmbH aus dem schwäbischen Bad Urach hat die Umstellung auf den neuen Lieferstandard geschafft. Seit etwa drei Jahren bringt das Unternehmen unter anderem Türverkleidungen für den Porsche Cayman auf die Stunde genau nach Finnland. Jeden Tag macht sich ein neuer LKW auf den Weg nach Norden. Ohne „Just-in-time-Lieferung" hätte das Unternehmen den Auftrag nicht bekommen, erklärt Vertriebsleiter Uwe Eulenberg.

Zwar produziert er schon seit 2003 auf Wunsch punktgenau, die Logistik übernahm aber bis 2005 ein Dienstleister. Die Umstellung war dann vor allem eine Frage der Software. Nach sechs Wochen Lernphase funktionierte alles. Heute läuft die Lieferung für etwa 20 Prozent der Kunden „in time" – was wiederum für volle Auftragsbücher sorgt.[1]

1 Quelle: Groth, Julia: Die Lieferung landet direkt auf dem Laufband, 03.05.2008, Handelsblatt, unter: www.handelsblatt.com/unternehmen/mittelstand/just-in-time-lieferungen-die-lieferung-landet-direkt-auf-dem-laufband/2954070.html [29.03.2022].

Infotext: Just in time

Grundlagen

Das Just-in-time-Konzept sieht die Lieferung der Materialien erst dann vor, wenn sie von der Produktion benötigt werden („Pull-Prinzip"), man spricht deshalb auch von „fertigungssynchroner Lieferung". Durch die Just-in-time-Belieferung verbleiben die gelieferten Materialien bis zum letzten Moment auf der Straße, der Hersteller kann die Lagerung der betreffenden Materialien minimieren oder sogar ganz vermeiden. Eine traditionelle Wareneingangsprüfung findet bei diesem Konzept kaum noch oder gar nicht mehr statt. Eine Variante des Just-in-time-Konzepts stellt die „Just-in-sequence-Belieferung" dar, bei der die Teile bereits in der richtigen Reihenfolge in den Produktionsprozess eingeliefert werden. Kernziel des Just-in-time-Konzepts ist die Senkung von Lagerbeständen. Dieses Ziel gewinnt aus zwei Gründen an Bedeutung:

- **Anstieg des Kostendrucks:** Im internationalen Wettbewerb stehen alle Unternehmen unter erheblichem Kostendruck. Entsprechend müssen alle betrieblichen Bereiche zur Kostensenkung beitragen. Das Just-in-time-Konzept erlaubt durch den Abbau von Lagerbeständen eine deutliche Senkung der Lagerkosten sowie der Kapitalbindungskosten.
- **Steigerung der Flexibilität:** Während die Unternehmen in der Vergangenheit auf Produktion in großen Stückzahlen (Großserien- und Massenproduktion) setzten und ihre Produkte problemlos absetzen konnten, können die Kunden in Zeiten gesättigter Märkte und bei einer Vielzahl alternativer Anbieter ihre individuellen Wünsche zu Produktmerkmalen und Ausstattungskombinationen bei kurzen Lieferzeiten zunehmend durchsetzen. Das Just-in-time-Konzept ermöglicht eine rasche Anpassung an die jeweiligen Kundenanforderungen, ohne dass der Hersteller auf großen Beständen nicht nachgefragter Materialien sitzen bleibt.

Geeignete Materialien

Das Just-in-time-Konzept eignet sich vorrangig für „AX-Güter". Die Kategorie „X" steht für hohe Vorhersagegenauigkeit und gleichmäßigen Verbrauch und stammt aus der XYZ-Analyse. Diese stellt eine Ergänzung der ABC-Analyse dar und kann mit dieser kombiniert werden:

- **X-Güter:** hohe Vorhersagegenauigkeit, gleichmäßiger Verbrauch
- **Y-Güter:** mittlere Vorhersagegenauigkeit, schwankender (saisonaler) Verbrauch
- **Z-Güter:** geringe Vorhersagegenauigkeit, sehr unregelmäßiger Verbrauch

ABC-XYZ-Analyse			
	A	B	C
X	hoher Verbrauchswert hohe Vorhersagegenauigkeit gleichmäßiger Verbrauch	mittlerer Verbrauchswert hohe Vorhersagegenauigkeit gleichmäßiger Verbrauch	niedriger Verbrauchswert hohe Vorhersagegenauigkeit gleichmäßiger Verbrauch
Y	hoher Verbrauchswert mittlere Vorhersagegenauigkeit schwankender Verbrauch	mittlerer Verbrauchswert mittlere Vorhersagegenauigkeit schwankender Verbrauch	niedriger Verbrauchswert mittlere Vorhersagegenauigkeit schwankender Verbrauch
Z	hoher Verbrauchswert geringe Vorhersagegenauigkeit sehr unregelmäßiger Verbrauch	mittlerer Verbrauchswert geringe Vorhersagegenauigkeit sehr unregelmäßiger Verbrauch	niedriger Verbrauchswert geringe Vorhersagegenauigkeit sehr unregelmäßiger Verbrauch

Vorbereitende Maßnahmen

Damit eine Just-in-time-Belieferung reibungslos funktionieren kann, muss das Einkaufsmanagement des Abnehmers folgende Vorbereitungsmaßnahmen ergreifen:

- **Auswählen geeigneter Lieferanten:** Zunächst sind geeignete Lieferanten ausfindig zu machen. Just-in-time-Lieferanten müssen über das erforderliche Know-how, über die erforderlichen technischen Anlagen sowie über die erforderliche Produktionsflexibilität verfügen. Darüber hinaus ist ein vertrauensvolles Verhältnis zum Lieferanten unumgänglich. Zu diesem Zweck sollten Besuche beim Lieferanten vor Ort durchgeführt und auch der persönliche Kontakt gepflegt werden. Die räumliche Nähe zum Lieferanten ist dabei von großem Vorteil.

- **Einrichten eines Qualitätsmanagements:** Das Beschaffungsmanagement muss eine hohe Qualität der Produkte des Lieferanten sicherstellen. Das beginnt bereits bei der Förderung eines Qualitätsbewusstseins der Mitarbeiter des Lieferanten, welche die Qualität des Endprodukts maßgeblich mitbestimmen, und mündet gewöhnlich in einem systematischen Qualitätsmanagementkonzept gemäß DIN 9000ff. Diese Norm verlangt die Planung, Dokumentation und Durchführung konkreter betrieblicher Prozesse (z.B. Einkauf hochwertiger Materialien, Prüf- und Testroutinen).
- **Einrichten einer EDV-Infrastruktur:** Eine enge Abstimmung der Absatz- und Produktionsplanung des Abnehmers einerseits und der Lieferplanung des Lieferanten andererseits ist ein zentraler Baustein des Just-in-time-Konzepts. Entsprechend benötigen beide Parteien eine kompatible Software, welche durch raschen Datenaustausch alle relevanten Planungsdaten (z.B. Einblick in Bestände des Lieferanten) für alle Beteiligten bereitstellt und damit die erforderliche Transparenz schafft. Moderne Systeme können die Fertigungs- und Beschaffungsplanung bereits vollautomatisch koordinieren.
- **Abschließen langfristiger Rahmenverträge:** Die Just-in-time-Belieferung bindet Abnehmer und Lieferanten naturgemäß über einen längeren Zeitraum eng aneinander. Damit beide Parteien langfristig Planungssicherheit haben, sind entsprechende Rahmenverträge zu entwickeln, zu verhandeln und abzuschließen. In Rahmenverträgen werden Eckpunkte der Zusammenarbeit geregelt wie Qualitätsanforderungen, Lieferungs- und Abnahmepflichten, Preise, Vertragsdauer, Kündigungsfristen usw.
- **Optimieren der Logistik:** Um die Lieferdauer, die Umweltbelastung, die Lieferrisiken und die Lieferkosten so gering wie möglich zu halten, können folgende Logistikkonzepte zum Einsatz kommen:
  - **Lieferantenparks (Supplier-Parks):** Die Lieferanten von A-Gütern werden gemeinsam in werksnahen Arealen angesiedelt und im Idealfall untereinander mit Förderbandkanälen verbunden, welche die Teile letztlich zum Abnehmer bringen können. Auf diese Weise kann auf den Lkw-Transport verzichtet und Art und Anzahl eingehender Zulieferteile jederzeit präzise überprüft werden (z.B. das Ford-Werk in Saarlouis oder das Audi-Werk in Ingolstadt).
  - **Externes Lager (Just-in-time-Lager):** Just-in-time-Lieferanten mit langen Anlieferwegen betreiben zur Absicherung der Liefertermintreue ein eigenes Zwischenlager (Pufferlager) in räumlicher Nähe zur Weiterverarbeitung beim Kunden. Mit einem Just-in-time-Lager kann der Lieferant die Auslastung seiner Transportmittel optimieren.
  - **Gebietsspediteur (Milkrun-Konzept):** Oftmals beliefern mehrere Lieferanten einen Abnehmer aus größerer Entfernung im Rahmen eines Just-in-time-Konzepts. In diesen Fällen kann der Abnehmer ein Logistikunternehmen („Gebietsspediteur") beauftragen, mehrere Lieferanten nacheinander anzufahren und somit seine Ladekapazität optimal auszulasten. Der Gebietsspediteur kann ebenso von der Lieferantenseite beauftragt werden. Die Routenplanung wird nach bestimmten Kriterien optimiert (z.B. Sitz der Lieferanten, Verbrauch des Abnehmers, Transportbedarf leerer Transportbehältnisse). Der Grundgedanke der optimierten Routenplanung geht auf den traditionellen Milchmann zurück, welcher nur so viele Flaschen frischer Milch vor der Tür des Kunden abstellte, wie er leere Flaschen vorfand. Aus diesem Grund wird dieses Verfahren auch als „Milkrun" bezeichnet.

Kompaktwissen

Strategische Beschaffung: Definition und Aufgabengebiete

Strategische Beschaffung sind alle grundsätzlichen und langfristig angelegten Planungen und Entscheidungen zur Ausgestaltung der betrieblichen Beschaffung. Im engeren Sinne sind damit Beschaffungsstrategien (Sourcing-Strategien, siehe nächster Kasten) gemeint. Im weiteren Sinne geht es bei der strategischen Beschaffung auch um die Ausgestaltung folgender Aufgabengebiete:

- **Beschaffungsmarktforschung** (siehe Kasten)
- **E-Procurement** (siehe Kasten)
- **Supply-Chain-Management** (siehe Kasten)
- **Sonstige:** *Outsourcing:* Eigenfertigung oder Fremdbezug (Make or Buy); *Lieferantenmanagement:* Analyse, Bewertung und Auswahl der Lieferanten; Lieferantenentwicklung (z. B. Einbeziehung in den Produktionsprozess, Schulung von Lieferanten); *Rahmenvertragsmanagement:* Entwickeln langfristiger Rahmenverträge (langfristig geltende Konditionen für beide Vertragspartner, welche die operative Beschaffung entlasten); *Beziehungsmanagement (Relations-Management):* Aufbau langfristiger und vertrauensvoller Beziehungen zum Lieferanten (z. B. durch Lieferantenbesuche).

Beschaffungsstrategien (Sourcing-Strategien)

<table>
<tr><td>Anzahl Lieferanten</td><td>Einzelquellenbeschaffung
(Single Sourcing)</td><td colspan="2">Zweiquellenbeschaffung
(Dual Sourcing)</td><td>Mehrquellenbeschaffung
(Multiple Sourcing)</td></tr>
<tr><td>Beschaffungsobjekt</td><td colspan="2">Einzelteilbeschaffung
(Unit Sourcing)</td><td colspan="2">Modulbeschaffung
(Modular Sourcing)</td></tr>
<tr><td>Beschaffungsareal</td><td>Regionale Beschaffung
(Local Sourcing)</td><td colspan="2">Nationale Beschaffung
(Domestic Sourcing)</td><td>Weltweite Beschaffung
(Global Sourcing)</td></tr>
<tr><td>Bereitstellungsprinzip</td><td>Vorratsbeschaffung
(Stock Sourcing)</td><td colspan="2">Einzelbeschaffung
(Demand Tailored Sourcing)</td><td>Just in time Sourcing
(fertigungssynchrone Beschaffung)</td></tr>
<tr><td>Beschaffungssubjekt</td><td colspan="2">Individuelle Beschaffung
(Individual Sourcing)</td><td colspan="2">Kooperative Beschaffung
(Cooperative Sourcing)</td></tr>
<tr><td>Zentralisierungsgrad</td><td colspan="2">Zentraler Einkauf
(Central Sourcing)</td><td colspan="2">Dezentraler Einkauf
(Decentral Sourcing)</td></tr>
</table>

Beschaffungsmarktforschung

Definition

Beschaffungsmarktforschung ist die systematische Erforschung von Beschaffungsmärkten für Werkstoffe (Roh-, Hilfs- und Betriebsstoffe), Einzelteilen und Baugruppen, die für die Produktion erforderlich sind.

Aufgabengebiete

- **Marktanalyse:** einmalige Analyse eines Beschaffungsmarktes zu einem Zeitpunkt
- **Marktbeobachtung:** laufende Erforschung eines Beschaffungsmarktes über einen Zeitraum
- **Marktprognose:** Vorhersagen zu Trends und Entwicklungen auf einem Beschaffungsmarkt

Informationsquellen

- **Primärforschung:** Das Unternehmen erforscht den Markt selbst (z. B. Online-Befragungen).
- **Sekundärforschung („Desk Research"):** Das Unternehmen greift auf bereits vorliegende Informationen zurück. Dabei unterscheidet man interne Informationen (z. B. Einkaufsstatistiken) und externe Informationen (z. B. Verbandszeitschriften, Statistiken des Statistischen Bundesamtes).

E-Procurement (elektronische Beschaffung)

Begriff und Wesen

E-Procurement steht für die elektronische B2B[1]-Beschaffung von Gütern und Dienstleistungen unter Einschaltung des Internets und anderer elektronischer Kommunikationssysteme (Intranet, Extranet, ERP-Systeme). Der Gegenbegriff ist „E-Commerce" und steht für Verkauf über das Internet auf der Absatzseite des Unternehmens. E-Procurement und E-Commerce gehören zum E-Business.

Ziele

Ziel des E-Procurements ist die Optimierung von Einkaufsprozessen und die Senkung der Beschaffungskosten. Zu diesem Zweck sollen einerseits Beschaffungsprozesse (siehe Kapitel C) automatisiert werden. Das betrifft vorrangig Beschaffungsgüter mit geringem Warenwert, also C-Güter in der Produktion und „indirekte Güter", welche nicht in die Endprodukte eingehen (z. B. Büromaterial, Büromöbel). Andererseits soll eine erhöhte Transparenz auf dem Beschaffungsmarkt erreicht und Einkaufspreise gesenkt werden.

Arten von E-Procurement-Systemen

- **Offene Systeme:** Einkäufer können auf Online-Marktplätzen (z. B. Mercateo.com) die Kataloge zahlreicher Lieferanten einsehen und dort auch Kaufverträge abschließen.
- **Geschlossene Systeme:** Die IT-Netzwerke (z. B. SAP-Systeme) von Kunde und Lieferant sind miteinander verbunden und für Dritte nicht zugänglich. Einkäufer können im System des Lieferanten Lagerbestände und Preise einsehen, Bestellungen tätigen, den Stand der Lieferung verfolgen usw.

Supply-Chain-Management (SCM)

Unter einer **Supply-Chain** versteht man die Lieferkette aller Unternehmen von der Rohstoffgewinnung über die weiterverarbeitenden Betriebe (Industrie und Handwerk) und den Handel (Groß- und Einzelhandel) bis zur Auslieferung an den Kunden bzw. im Idealfall bis zur Entsorgung. Da die Produkte in jeder Produktionsstufe an Wert gewinnen, spricht man auch von einer Wertschöpfungskette. Supply-Chains haben in den letzten Jahren deutlich an Bedeutung gewonnen, da die meisten Betriebe ihre Fertigungstiefe zugunsten arbeitsteiliger Lieferketten reduziert haben.

Unter **Supply-Chain-Management (SCM)** versteht man die IT-gestützte, betriebsübergreifende Planung, Steuerung und Kontrolle der Informations-, Waren- und Geldflüsse über die gesamte Lieferkette. Ziel ist die Optimierung der beteiligten innerbetrieblichen und zwischenbetrieblichen Prozesse (z. B. die Verkürzung von Lieferzeiten, die Erhöhung der Lieferflexibilität, die Verbesserung des Informationsaustausches und der Termintreue) sowie die Minimierung der Kosten von Einkaufsvorgängen, Transport und Lagerhaltung.

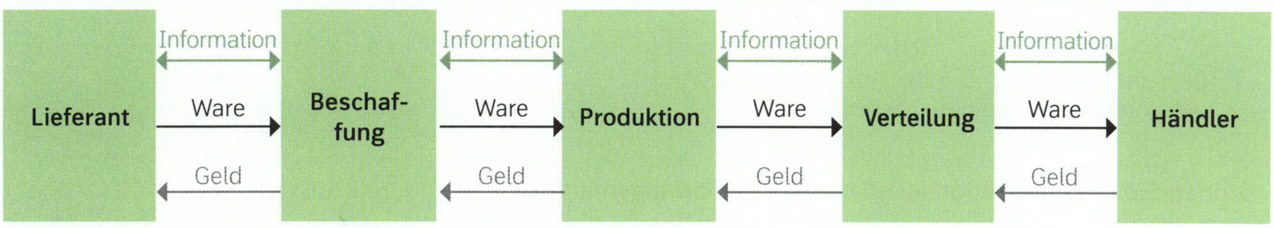

Das „Gehirn" der Supply-Chain-Managements ist ein betriebsübergreifend vernetztes IT-System, welches alle Prozesse über die gesamte Lieferkette integriert. Dabei ermöglicht der digitale Informationsaustausch die Koordination der gesamten Beschaffungs-, Produktions- und Absatzplanung. Das E-Procurement der einzelnen Unternehmen ist dabei ein Teil des Supply-Chain-Managements.

Beispiele: Der Meister in der Produktionshalle eines Automobilherstellers kann in seinem Computer einsehen, ob sein Lieferant ein bestimmtes Teil auf Lager hat. Ein Händler übermittelt der Produktentwicklung des Herstellers ein Kundenfeedback, welches zur Verbesserung des Produkts führt. Die Rohstofflieferanten informieren ihre Abnehmer rechtzeitig über bevorstehende Lieferengpässe und Preiserhöhungen.

1 B2B steht für Business-to-Business.

Vertiefungsaufgaben

1. Erläutern Sie den Unterschied zwischen operativer und strategischer Beschaffung.

2. Erläutern Sie die drei Bereitstellungsprinzipien der betrieblichen Beschaffung.

3. Stellen Sie die Vor- und Nachteile nachfolgender Beschaffungsstrategien gegenüber:

   a) Single Sourcing (Einquellenbeschaffung)
   b) Modular Sourcing (Modulbeschaffung)
   c) Global Sourcing (weltweite Beschaffung)
   d) Stock Sourcing (Vorratsbeschaffung)

4. Der Automobilzulieferer Grube & Scholl GmbH erwägt die Einführung des Just-in-time-Konzepts zur Senkung seiner Beschaffungskosten. Erläutern und begründen Sie,

   a) für welche Art von Produkten das Just-in-time-Konzept infrage kommt,
   b) welche Kosten mit dem Just-in-time-Konzept gesenkt werden,
   c) welche Maßnahmen das Beschaffungsmanagement im Vorfeld schaffen muss,
   d) welche Inhalte in Rahmenverträge mit dem Lieferanten aufgenommen werden sollten.

5. Ordnen Sie die Ebene der Beschaffungsmarktforschung durch Ankreuzen zu.

	Marktanalyse	Marktbeobachtung	Marktprognose
a) Einmalige Lieferantenbefragung zu ihrem Produktangebot und ihren Preisen und Rabatten			
b) Einschätzung der Rohstoffpreisentwicklung für Metalle in den folgenden Quartalen			
c) Monatliche Kontrolle der Rohstoffpreise auf dem Markt für Baumwolle			
d) Untersuchung der internationalen Lieferanten-struktur			
e) Periodische Untersuchung der Bezugsquellen elektronischer Steuerungseinheiten			

6. Ordnen Sie die Informationsquellen der Beschaffungsmarktforschung durch Ankreuzen zu.

	Primärforschung	Sekundärforschung	
		interne Quellen	externe Quellen
a) Statistiken von Bundesverbänden der Einkaufswirtschaft			
b) Lieferantenbefragung zu Produkten und Konditionen			
c) Betriebsbesichtigungen von potenziellen Lieferanten			
d) Lieferantendatenbank mit bisherigen Lieferanten			
e) Online-Branchenportale im Internet			
f) Artikeldatei mit allen Angaben rund um den Artikel			
g) Messebesuche bei Herstellern benötigter Teile			
h) Destatis-Website des Statistischen Bundesamtes			
h) Erfahrungen der Fertigungsleitung			
i) Fachzeitschriften der Branche			

H Anhang

Ereignisgesteuerte Prozessketten (EPK)

Sinn und Wesen

Ereignisgesteuerte Prozessketten (EPK) sind grafische Darstellungen mit einheitlichen Symbolen zur Planung und Optimierung betrieblicher Geschäftsprozesse (Auftragsbearbeitungsprozesse, Beschaffungsprozesse, Personalbeschaffungsprozesse usw.).

Symbole

Funktion	Eine Funktion ist eine betriebliche Aufgabe oder Aktion (z. B. „Angebot erstellen und versenden"), die auf ein Ereignis folgt und der ein Ereignis folgt.
Ereignis	Ein Ereignis kann ein externes Ereignis sein, welches eine interne Funktion auslöst (z. B. „Bestellung geht ein") oder das Ergebnis einer Funktion (z. B. „Prüfung Kundenstatus").
AND	Der Operator „AND" spaltet den Prozess in mindestens zwei Zweige auf, die parallel abgearbeitet werden (der eine UND auch der andere), und führt sie wieder zusammen.
XOR	Der Operator „XOR" („entweder oder") spaltet den Prozess in mindestens zwei Zweige auf, von denen aber nur einer abgearbeitet werden kann, und führt sie ggf. wieder zusammen.
OR	Der Operator „OR" („und/oder") spaltet den Prozess in mindestens zwei Zweige auf, von denen nur einer oder auch mehrere abgearbeitet werden, und führt sie ggf. wieder zusammen.
Anfrage	Informationsträger wie Dokumente (z. B. Anfragen, Angebote, Bestellungen, Überweisungsformulare, Artikeldateien oder Kundenlisten in Datenbanken)
Vertrieb	Organisationseinheiten, die für eine Funktion verantwortlich sind. Dabei handelt es sich um Personen oder Abteilungen (z. B. Abteilung „Vertrieb").

Beispiel:

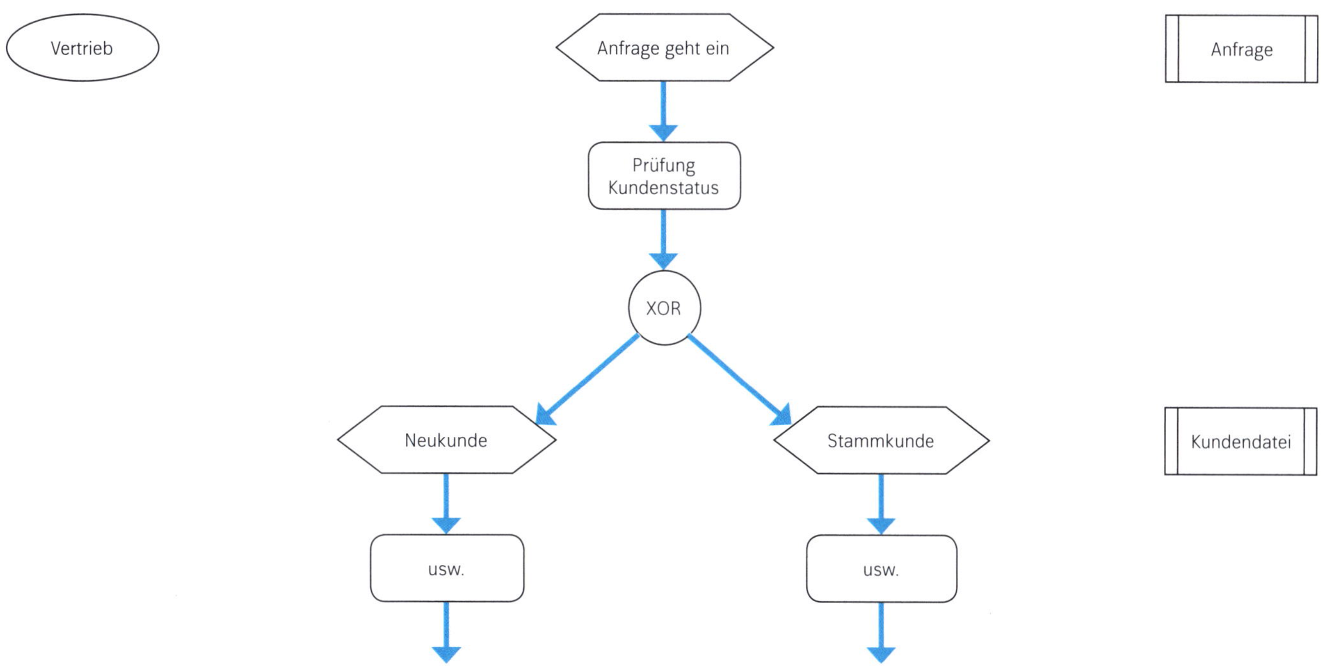

Checkliste Beschaffungs- und Lagerkonzept

CHECKLISTE: BESCHAFFUNGS- UND LAGERKONZEPT
I Beschaffungskonzept
Anzahl der Lieferanten: Bei wem beschaffen wir?
☐ Single Sourcing (Einquellenbezug)
☐ Dual Sourcing (Zweiquellenbezug)
☐ Multiple Sourcing (Vielquellenbezug)
Beschaffungsobjekt: Auf welcher Stufe der Wertschöpfungskette beschaffen wir?
☐ Unit Sourcing (Einzelteilbeschaffung)
☐ Modular Sourcing (Modul-/Systembeschaffung)
Beschaffungsareal: Wo beschaffen wir?
☐ Local Sourcing (regionale Beschaffung)
☐ Domestic Sourcing (nationale Beschaffung)
☐ Global Sourcing (weltweite Beschaffung)
Bereitstellungsprinzip: Wann und wie viel beschaffen wir?
☐ Stock Sourcing (Vorratsbeschaffung)
☐ Demand tailored Sourcing (Einzelbeschaffung im Bedarfsfall)
☐ Just-in-time Sourcing (fertigungssynchrone Beschaffung)
Beschaffungssubjekt: Beschaffen wir allein oder gemeinsam?
☐ Individual Sourcing (individuelle Beschaffung)
☐ Cooperative Sourcing (kooperative Beschaffung)
Zentralisierungsgrad: Wer beschafft?
☐ Central Sourcing (zentrale Beschaffung)
☐ Decentral Sourcing (dezentrale Beschaffung)
II Lagerkonzept
Grad der Zentralisierung: Wo lagern wir?
☐ zentrales Lager
☐ dezentrale Lager
Eigentumsverhältnisse: Wem gehört das Lager?
☐ Eigenlager
☐ Fremdlager
Lagerorganisation (Lagerplatzsystem): Lagern wir an festen Plätzen oder chaotisch?
☐ Festplatzsystem
☐ Freiplatzsystem (chaotische Lagerhaltung)

I Kann-Liste

Ich kann ...	Ja
Grundlagen	
betriebliche Aufgaben den einzelnen betrieblichen Abteilungen zuordnen.	☐
operative und strategische Aufgaben der Beschaffung unterscheiden.	☐
die Beschaffung in den Auftragsbearbeitungsprozess einordnen.	☐
einen betrieblichen Auftragsbearbeitungsprozess als ereignisorientierte Prozesskette (EPK) darstellen.	☐
Bedarfsermittlung	
konkrete Materialien den entsprechenden Materialarten zuordnen.	☐
den Primärbedarf, den Sekundärbedarf und den Tertiärbedarf eines Industriebetriebs unterscheiden und erläutern.	☐
den Unterschied zwischen der programmorientierten und der verbrauchsorientierten Bedarfsermittlung erklären.	☐
den Brutto- und den Nettosekundärbedarf unter Einsatz der programmorientierten Bedarfsermittlung ermitteln und erläutern.	☐
Beschaffungsprozess	
einen betrieblichen Beschaffungsprozess als ereignisorientierte Prozesskette (EPK) darstellen.	☐
interne und externe Bezugsquellen benennen und ermitteln.	☐
Anfragen, Angebote, Bestellungen und Auftragsbestätigungen gemäß DIN 5008 verfassen.	☐
die kaufmännische und die rechtliche Bedeutung der Anfrage, des Angebots, der Bestellung sowie der Auftragsbestätigung erläutern und begründen.	☐
einen quantitativen Angebotsvergleich (Bezugskalkulation) durchführen.	☐
einen qualitativen Angebotsvergleich (bzw. eine Lieferantenbewertung) mithilfe einer Nutzwertanalyse (Scoring-Tabelle) durchführen.	☐
Ablauf und Schritte einer Wareneingangskontrolle erläutern und begründen.	☐
die Schritte der Einlagerung der Ware im Lager beschreiben.	☐
grundlegende Lagerfunktionen, Lagerarten und Lagerplatzsysteme unterscheiden.	☐
eine Eingangsrechnung prüfen und buchen.	☐
einen Skontosatz in einen Jahreszinssatz umrechnen.	☐
den Finanzierungserfolg bei der Inanspruchnahme von Skonto ermitteln und eine betriebliche Entscheidung ableiten.	☐
die Zahlung einer Eingangsrechnung unter Ausnutzung von Skonto buchen.	☐

Ich kann ...	Ja
Kaufvertrag	
den Unterschied zwischen Privatrecht und öffentlichem Recht erklären.	☐
die Begriffe „Rechtssubjekt“ und „Rechtsfähigkeit“ erläutern.	☐
Arten der Geschäftsfähigkeit unterscheiden.	☐
Grundlagen des Vertragsrechts und der Vertragsfreiheit beschreiben.	☐
die Pflichten des Kaufvertrags für beide Vertragsparteien benennen.	☐
Kaufmannseigenschaften gemäß HGB unterscheiden.	☐
Verpflichtungs- und Erfüllungsgeschäfte voneinander abgrenzen und den Kaufvertrag einordnen.	☐
erläutern, wie ein Kaufvertrag grundsätzlich zustande kommt.	☐
beurteilen, ob ein Kaufvertrag zustande gekommen ist.	☐
Inhalte eines Kaufvertrags benennen und erläutern.	☐
gesetzliche Regelungen zu den einzelnen Kaufvertragsinhalten erläutern.	☐
gebräuchliche vertragliche Vereinbarungen (kaufmännische Klauseln) zu den einzelnen Kaufvertragsinhalten erläutern.	☐
wichtige Kaufvertragsarten nach unterschiedlichen Kriterien unterscheiden.	☐
Sinn und Wesen Allgemeiner Geschäftsbedingungen (AGB) erläutern.	☐
rechtliche Grenzen Allgemeiner Geschäftsbedingungen gemäß BGB beschreiben und erläutern.	☐
den Unterschied zwischen Nichtigkeit und Anfechtbarkeit erklären.	☐
beurteilen, ob ein Kaufvertrag nichtig oder anfechtbar ist.	☐
Erfüllungsstörungen	
Voraussetzungen und Rechtsfolgen der Nicht-Rechtzeitig-Lieferung erläutern.	☐
einfache Fälle der Nicht-Rechtzeitig-Lieferung lösen.	☐
Voraussetzungen und Rechtsfolgen der Schlechtleistung erläutern.	☐
einfache Fälle der Schlechtleistung lösen.	☐
Voraussetzungen und Rechtsfolgen des Annahmeverzugs erläutern.	☐
einfache Fälle des Annahmeverzugs lösen.	☐
Voraussetzungen und Rechtsfolgen der Nicht-Rechtzeitig-Zahlung erläutern.	☐
einfache Fälle der Nicht-Rechtzeitig-Zahlung lösen.	☐
das gerichtliche Mahnverfahren in seinen Grundzügen darstellen.	☐
allgemeine und besondere Verjährungsfristen unterscheiden und erläutern.	☐

Ich kann ...	Ja
Beschaffungscontrolling	
eine ABC-Analyse durchführen, die Ergebnisse erläutern und betriebswirtschaftliche Schlussfolgerungen ableiten.	☐
Aufbau und Inhalt einer Lagerkarteikarte bzw. Lagerdatei beschreiben.	☐
wichtige Lagerkennzahlen ermitteln, erläutern und betriebswirtschaftliche Empfehlungen ableiten.	☐
die optimale Bestellmenge mathematisch, tabellarisch und grafisch ermitteln und das Ergebnis erläutern.	☐
den Höchst- und den Meldebestand von gelagerten Materialien ermitteln und erläutern.	☐
den optimalen Bestellzeitpunkt mithilfe des Bestellpunkt- und des Bestellrhythmusverfahrens ermitteln.	☐
grundlegende Unterschiede zwischen dem Bestellpunkt- und dem Bestellrhythmusverfahren erläutern.	☐
Entscheidungsalternativen des Bestellpunkt- und des Bestellrhythmusverfahrens bei ungleichmäßigem Verbrauch aufzeigen.	☐
rechnerisch, tabellarisch und grafisch für unterschiedliche Mengen ermitteln, ob die Eigenfertigung oder die Fremdfertigung kostengünstiger ist.	☐
die kritische Menge einer Make-or-buy-Entscheidung rechnerisch, tabellarisch und grafisch ermitteln und erläutern.	☐
qualitative Kriterien für eine Make-or-buy-Entscheidung aufzeigen.	☐
unterschiedliche Einkaufskennzahlen benennen.	☐
Strategische Beschaffung	
alternative Beschaffungsstrategien nach mehreren Kriterien unterscheiden und erläutern.	☐
den Inhalt eines Beschaffungskonzepts (Sourcing-Konzepts) erläutern.	☐
alternative Bereitstellungsprinzipien erläutern.	☐
Ziele und Wesen des Just-in-time-Konzepts erläutern.	☐
Chancen und Risiken der Just-in-time-Belieferung aufzeigen.	☐
Lösungswege zur Begrenzung der Just-in-time-Risiken benennen und erläutern.	☐
die Begriffe „E-Procurement“ und „Supply-Chain-Management“ erläutern.	☐
wichtige Teilgebiete der strategischen Beschaffung benennen und beschreiben.	☐

J Sachwortverzeichnis

A

B

C

D

E

F

G

H

I

J

K

L

M

N

O

P

Q

R

S

T

U

V

W

X

Z

K Quellenverzeichnis

Bildquellenverzeichnis

Beiderwieden, Arndt, Bremen: 30.1.

fotolia.com, New York: adisa 6.3; Boggy 7.3; Drobot Dean 6.2; helenedevun 7.2; industrieblick 133.1; mayathnik 131.1; topshots 6.1; Traumbild 7.1; WavebreakmediaMicro 46.1.

Galas, Elisabeth, Essen: 16.1, 17.1, 17.2.

Hustedt, Gaby, Bremen: 27.1, 31.1, 32.1, 33.1, 37.1, 40.1, 43.1, 43.2, 47.1, 47.2, 52.1, 76.1, 82.1.

iStockphoto.com, Calgary: kupicoo Titel.

Shutterstock.com, New York: HN Works 70.3, 70.5; Vinko93 70.1, 70.2, 70.4, 70.6, 70.7.

Literaturverzeichnis

Arnold, Ulli (Hrsg.): Praxishandbuch innovative Beschaffung, Wiley-VCH, Weinheim, 2007.
Arnolds, Hans; Heege, Franz; Röh, Carsten; Tussing, Werner: Materialwirtschaft und Einkauf. Grundlagen – Spezialthemen – Übungen, Springer Gabler, Wiesbaden, 13. Auflage 2016.
Bichler, Klaus; Krohn, Ralf; Riedel, Guido; Schöppach, Frank: Beschaffungs- und Lagerwirtschaft – Praxisorientierte Darstellung der Grundlagen, Technologien und Verfahren, Gabler, Wiesbaden, 9. aktualisierte und überarbeitete Auflage 2010.
Bundesverband Materialwirtschaft, Einkauf und Logistik e. V. (Hrsg.): BME-Benchmark – Top-Kennzahlen im Einkauf. Durchschnittswerte 2021, BME, Frankfurt (Main), 2021.
Hirschsteiner, Günter: Einkaufs- und Beschaffungsmanagement – Strategien, Verfahren und moderne Konzepte, Kiehl, Ludwigshafen (Rhein), 2., aktualisierte und erweiterte Auflage 2006.
Huber, Andreas; Laverentz, Klaus: Logistik, Vahlen, München, 2,. überarbeitete und korrigierte Auflage 2018.
Lasch, Rainer: Strategisches und operatives Logistikmanagement: Beschaffung, Springer Gabler, Wiesbaden 3. überarbeitete und erweiterte Auflage 2021.
Luczak, Holger; Eversheim, Walter (Hrsg.): Produktionsplanung und Steuerung – Grundlagen, Gestaltung und Konzepte, Springer VDI, Heidelberg, Nachdruck der 2. korrigierten Auflage 2001.
Mehrings, Jos: Grundzüge des Wirtschaftsprivatrechts, Vahlen, München, 3., vollständig aktualisierte Auflage 2015
Nolden, Rolf-Günter; Körner, Peter: Management im Industriebetrieb – Geschäftsprozesse, Bildungsverlag EINS, Köln, 12. Auflage 2021.
Oeldorf, Gerhard; Olfert, Klaus: Material-Logistik, Kiehl, Herne, 14. Auflage 2018.
Grüneberg: Bürgerliches Gesetzbuch BGB, C.H.Beck, München, 81. Auflage 2022.
Wannenwetsch, Helmut: Integrierte Materialwirtschaft, Logistik und Beschaffung, Springer, Wiesbaden, 5. neu bearbeitete Auflage 2014.